THE VALUES FACTOR

はじめに

監訳者　岩元　貴久

本書の著者であるドクター・ジョン・F・ディマティーニは、世界的な人間行動学のスペシャリストであり、年間300日以上、世界中を飛び回って、講演や執筆活動をしている。クライアントは、世界的大企業や政府、公的機関をはじめ、企業経営者や政治家、ハリウッド俳優などセレビリティから一般のビジネスパーソン、主婦、学生など、20万人以上に及ぶ。

ドクター・ディマティーニは、18歳のときから40年以上をかけて、物理学、哲学、理論、形而上学、心理学、脳科学、行動科学、天文学、数学、神経学、生理学など多岐にわたる学問を研究し、この世界の構造から人間行動のメカニズムを解明することに勤しんでいる。

「バリュー・ファクター」は、そうした研究の一環から生まれた、私たち人間の行動を決定づける要因（ファクター）を活用して、最高に充実した人生を送るためのメソッド（方法論）であり、本書はそのメソッドを世界で初めて公開する画期的な内容となっている。

邦訳版のタイトルは『最高の自分が見つかる授業』とした。なぜなら、最高の人生の主人公は、言うまでもなくその人生を送る当人であり「自分」だ。自分のことを知らずに、人生など語れるはずがない。

では、自分とは何者なのか？

きっと、あなたも過去に自分が何者なのか？　何のために生まれてきたのか？　と一度は、自問したことがあるのではないだろうか。

自分のことは、自分がよく知っているはずなのだが、実際はどうだろう。あなたは、自分のことを本当にわかっていると言えるだろうか？

もし、わかっているのならば、次の質問に間髪を入れずに答えることができるはずである。

・あなたの人生の使命、目的は何か？
・あなたが何よりも大切に思っている、していることは何か？
・あなたが本当にやりたい仕事は何か？
・あなたが今日一日、活動することについて、優先順位がわかっているか？
・あなたの普段の活動は何？　その活動を選択した理由は？

この質問に、何の躊躇《ちゅうちょ》もなく即座に答えることができただろうか？

あなたが真に自分自身のことを知っていれば、この質問の答えはすぐに出せる。なぜなら、自分自身とは、あなたのアイデンティティのことであり、それはあなたの行動、言動、思考、選択などあなたの活動のすべてを決める要因のことだからだ。そして、前述した質問は、その要因から自動的に生み出された結果であるからだ。


さて、あなたはこんなことを苦々しく思ったことはないだろうか？

「頭では何をすればいいのかわかっているのに、それが（行動）できない」

その結果として、

・仕事でもっと成果が出せたはずなのに、中途半端な結果に終わった。
・ついつい先延ばししてしまい、結局やらずに終わった。
・部下（上司）を怒らせたり、落胆させてしまった。
・奥さん（夫、子ども）を怒らせてしまった。
・ついつい（食べ）過ぎてしまい。ダイエットに失敗。
・身体によくないと知りながら、やめられずに健康を害したことがある。

そして、この後、口をついて出てくるのは「あぁ、あのとき○○していればよかった……」

と、後悔のタラレバだ。

あなたは、いつまで後悔のタラレバを言い続けるのだろう。タラレバの先に、あなたが本当に望む人生があるだろうか？

あなたが本当に望んでいることは、最高に充実した人生ではないだろうか？　自分が本当にやりたいことをやり、そのために自分の持てる能力を全力で出し切り、その結果を見届け、味わい、噛み締めて人生の果実を楽しむ――。

本書『最高の自分が見つかる授業』は、そういう生き方を望む人たちのためにある。最高に充実した人生を送るに値するあなたのためにある本だ。

本書の授業の中で紹介する「バリュー・ファクター」は、それを可能にする画期的な手法だ。そして、それは人生の7つの領域、スピリチュアル、知性、仕事、お金、家族、社交・人間関係、健康で応用可能であり、本書でもそれぞれの領域での活用法をあまねく伝えている。

参考までに、本書を読んで解決できる課題の一部を紹介すると、

【ビジネスの課題】

・創業者および経営者の使命と合致した企業理念の確立
・経営幹部候補の自己イメージの向上とリーダーシップの発揚
・人を動かすコミュニケーション術

・社員のやる気向上
・適正な人事採用／キャリアプラン
・やりたいことを仕事にし、今の仕事を好きになる

【お金の課題】
・経済的成功を収める自己イメージの確立
・お金に対する考え方と理解
・富を築く行動習慣を身につける

【家族の課題】
・夫婦間のコミュニケーション
・親子間のコミュニケーション
・子どもの才能を開花させるコミュニケーション

【知性の課題】
・学習能力に対しての自己イメージの向上

・人生の目的に合致した活躍の場を知る
・天性の才能に目覚める
・記憶力を高める

【社交・人間関係の課題】
・相手と尊敬し合う関係を築くコミュニケーション
・社会により影響力を持つ

【身体・健康の課題】
・活力をみなぎらせる
・ストレスを解消する
・若々しくいる
・人を魅了する容姿

【スピリチュアルの課題】
・自分の使命に目覚める

・本当の自分、ありのままで生きることの許可
・宇宙の法則、天地自然の理に沿った生き方

ここに挙げたのは、本書で紹介している授業の課題解決の事例の一部に過ぎない。もし、あなたの抱えている課題がここに記載されていないのであれば、ぜひ本文を読み進めていただきたい。

きっとあなたが抱える課題と類似のものがあるはずだ。たとえ、全く同じ課題がなかったとしても心配はいらない。本書の授業で明らかにしている「バリュー・ファクター」のエクササイズを使えば、あなたの課題を解決するのに十分な知恵を学べるはずだからだ。

さぁ、準備はいいだろうか。
これからいよいよ、ドクター・ディマティーニに授業を始めてもらうことにしよう。

目次

カバーデザイン◎河南祐介（FANTAGRAPH）
翻訳協力◎高衣紗彩
ＤＴＰ◎白石知美（株式会社システムタンク）

第1章

バリュー・ファクターとは何か？

信念が思考を生み
思考が言葉を生み
言葉が行動を生み
行動は習慣となり
習慣はあなたの価値観となり
その価値観が、あなたの運命を決める。

——マハトマ・ガンジー

ビジョンを達成し、目的を成就するには？

感動に満ちあふれた毎日――。そんな夢のような人生を送るための、最も重要な一歩とは何だろう？

ある人は「貯金を始める」とか「いい仕事に就く」「出世する」などと、答えるかもしれない。もしくは、「運命の人を見つける」「子どもを授かる」「夫婦関係を改善する」と答えるかもしれない。

あるいは、「もう一度学校で学ぶ」「旅行に行く」「自分の精神性を高めることに、もっと時間を費やす」と答えるだろうか。

確かにこうした行動は、より円滑な人生、より意味のある人生を送る上での助けにはなるかもしれない。

しかし、いずれの行動も、それ単独では人が天命を生きるための鍵になるものではない。むしろ、全く無関係といってよい。

なぜなら、自分が最も価値を置き、最も心を動かすもの、自分が何者で、人生の真の目的とは何かを知ることなしには、本当の意味で生き生きとして感動に満ちあふれた人生を手に入れることはできないからだ。

私たちは他人が望むような生き方をしてしまいがちである。それはすなわち、両親や教師、上司、妻や夫など、自分の周りにいる誰か他人の価値観に従って生きることを意味する。

そして、それこそがすべてのフラストレーションの原因となっている。つまり、仕事への不満、人間関係の疲弊、漠然とした自暴自棄な人生などは、自分の価値観ではなく、他人の価値観に従うことから生じているのだ。

もし、すでに自分の最高の価値観に従って生きているにもかかわらず、それに気づいていないために、今の状況を感謝していないとしたらどうだろう？

その場合、毎日どれほど努力したとしても、十分な恩恵（見返り）を受け取ることはない。自分の最高の価値観を知ることは、人生の目標を設定し、それを達成するための重要な鍵となる。

ともすれば見過ごしてしまうようなチャンスに気づかせてくれ、肉体的にも心理的にも精神的にも力を与えてくれる。

もし、自分の最高の価値観の一部しか理解していなければ、自分の才能を十分に活かすことはできないし、人生における数多くのチャンスを見逃すことになる。

このように自分の最高の価値観を見いだすことは、人生における最も重要なことだといってよい。最高の価値観を知ることが、心がうち震えるような人生を生きる鍵となる。

そうすると、まるでバケーションを過ごすかのように仕事をするようになる。なぜなら、仕事が好きでたまらなくなるからだ。

探し続けていたソウルメイトを見つけたり、現在のパートナーとの関係を親密で望みどおりの協力し合う関係に変えることができるようになる。他にも、自分の才能をいかんなく発揮し、経済的自由を手に入れ、活躍の場を広げ、もっとエネルギッシュに人生を送ることができるようになる。

究極的には、思い描いたビジョンを達成し、この世に生まれてきた目的を成就することができるようになるのだ。

このように自分の最高の価値観を知り、それを自分にとって最も意味のある人生に活用することが、退屈で絶望的な人生を、インスピレーションにあふれた最高の人生に変える鍵なのだ。

では、「自分の最高の価値観」を知る秘密は何か？

その答えこそがこれからお伝えする「バリュー・ファクター」だ。

自分の価値観に生きる

まず、正直に言おう。

私は自分のことを努力家で献身的であると思いたいし、家族や仕事仲間はそう言ってくれている。しかし、私は自分自身が努力していると思ったことはあまりない。

国際的な講演家として、毎日18時間働き、世界中を飛び回る過密なスケジュールをこなすといったことは、私にとって何ら努力とは思っていない。それどころか、逆に、人生最高のバケーションだと思っているほどだ。

私はすでに（生活のために）働く必要などないのだが、この仕事はまさに自分が本当にやりたいことなのだ。

私の数十冊を超える世界的ベストセラーの著書や、私が常に最先端の情報に触れてアップデートしている研究資料があることを知れば、私のことを規律正しい人だと思うかもしれない。でも、自分が本当にそうなのかといえば、自分ではわからない。

しかし、そんなことは重要ではない。人は自分が好きなことをしているときは、規律など考えもしない。人生の目的を達成することが喜びであり、そのためにじっとしていられない、ただやるだけのことだ。

私は、毎朝起きて、研究や執筆、講演するのが待ち遠しくて仕方がないといった人生を送っている。教えること、本の執筆、研究、旅は、私にとって最高に心躍らせ、充足感にあふれる活動だ。

次の講演が待ちきれないし、新しいクライアントに会うことが楽しみでしょうがない。新たな資料を手に、次の本に向けて準備することに興奮する。

たった数日で多くの国や都市を講演のために訪れるという超過密スケジュールも、努力や勤勉さの証でもなければ象徴でもない。ただ単に好きなだけだ。好きなことをやっている、その結果に過ぎない。

なぜ、私がこんな満ち足りた人生を送れるようになったのか？　私が特にラッキーだったわけではないし、特別に野心家だったからでもない。ましてや、お金を儲けることに長けていたからでもない。

私の人生が花開いている理由――。それは、自分の最高の価値観、つまり研究、執筆、講演のことだが、これらを大切にし、これにかなうことを人生の目的として定め、意識をそこに向けてきたからだ。

つまり、自分の最高の価値観とは何かを理解し、それに基づく人生の目標を設定することで、素晴らしい成果を受け取ることができた。自分の最高の価値観を明確に理解し、それを最高レベルで実現できるよう、自分のキャリアを設計し、ビジネスを構築してきた。

心の底から自分の最高の価値観を求め、それに従って生きてきたので、自分の内にある肉体的、心理的、精神的な豊かさ、それは具体的にはリーダーシップ、創造性、そしてエネルギーだったりするが、それらの源にアクセスし、活用することができるのだ。

人生のすべてが、人生の目的を満たす方向に向かっているから、自分の人生が豊かで意味があると感じることができるわけだ。

仕事は、それが本当に自分が好きなことであるとき、意味深いものとなり、充実感を得ることができる。人生は、その人の最高の価値観に満たされているときに花開くのだ。

その最高の価値観を知るための方法がバリュー・ファクターだ。素晴らしい人生を送るために必要なことはすべて、誰もがすでに自分の中に持っている。大切なのは、自分の最高の価値観を知り、それを活用して目標を決めることだ。

これから、その具体的な使い方について述べることにしよう。

バリュー・ファクター発見のきっかけ

私がバリュー・ファクターのパワーに初めて気づいたのは、17歳のときだった。生まれたときから手と足の指が内側に曲がっていたため、幼い頃から矯正器具を付けて育った。左利きだったため（当時、左利きは縁起が悪いとされていた）、親も教師も医者も右利きに「直そう」とした。それで私は自分が普通の子どもとは違うと感じるようになった。

おまけに難読症で、医者からは学習障害、言語障害と診断された。小学校1年生のときには教師から、まともに勉強することはできないと宣告された。辛い子ども時代だった。

結局、14歳で学校をドロップアウトして、家を出ることにした。サーファーになろうとして、テキサス、カリフォルニアと渡り歩き、最終的にハワイに辿り着いた。

一日中サーフィンをして暮らした。サーフボードを作る技術を学んで、時々他の仕事もしながら、とにかくサーフィン中心のライフスタイルを続けていた。それは、永遠に続くかのような日々だった。

そんな生活ではろくな食事もできず、栄養失調気味になった上に、マジックマッシュルームなどの幻覚性植物を大量に摂取したせいで、ストリキニーネとシアン化物中毒症にかかり死にかけた。ハワイでの生活もこれで終わりかと思った。

しかし、人生の転機とはそのようなときに訪れるものだ。私は、家賃を払うこともできないので林の中でテント生活をしていたのだが、中毒症で死にかけていた私を、たまたま近所に住む女性が発見し、介抱してくれた。栄養のある食べ物を食べさせるために、近所の自然食品の店にも連れて行ってくれた。

病気が回復した後も、私はその店の常連客となって通っていたのだが、ある日、店のドアに1枚のチラシが貼ってあった。オアフ島のノースショアにあるサンセット・レクリエーション・ホールで開催されるポール・C・ブラッグという人物のセミナーのお知らせだった。

ポール・C・ブラッグは当時のアメリカで何百万人もの人に知られる有名人で、健康とフィットネス業界のパイオニアとして著名なジャック・ラレーンに影響を与えた伝説の人物だった。

生きる活力と長生きをする力を与えてくれる彼の教えは全米中に広まっていたのだが、当時の私はこの類いのセミナーには行ったこともなく、彼の名前も聞いたことがなかった。

しかし、直感が行けと言っていた。そこで、このセミナーに行ってみることにした。このことが私の人生を変えることとなった。

この夜のセミナーには、数十人の10代の若者が参加していた。ポール・C・ブラッグは叡智に満ちた空気感を醸し出している、そんな老紳士だった。

多くの人たちと同様、彼の話を聞いた私は魂を揺さぶられた。霊感というかインスピレーションというか、精神的な何か大きなものを与えられた。

その夜、彼は宇宙や自然の摂理を自分の内なるパワーとともに用いることで、いつまでも若い活力を保ち続けることができる、自分だけの人生の目的を達成する方法を教えてくれた。

その話を聞いたとき、私は自分の中に眠っていた何かが目を覚ましたと感じた。人生は自分が思ったとおりに作り上げることができる。そして、自分にはその力が備わっていることを理解した。

これは、私にとってある種の啓示だったといえる。小学校1年生で読むことも、書くことも、人とコミュニケーションすることもできないと告げられ、高校も中退した私だったが、実は胸の中には密かに、学業優秀で読み書きが得意な姉のリンのようになりたいという願望を抱いていたのだ。

世界のことについて、もっと知りたかったし、世界を変えるような重要な人物になりたいとも思っていた。しかし、自分には無理だと思い、その思いを心の奥深くにしまい込み、他人に話すこともなかった。

しかし、その夜、ポール・C・ブラッグと出会ったことで、人生で初めて、自分はこの学習障害を乗り越えて、読み書きができるようになると確信することができた。そして、自分の人生の目的は、自然の摂理を理解し、人に教えることだと理解した。

世界中を旅したいという憧れも持っていたので、その夜は、世界中を旅してまわり、何百万人もの人たちと自分が得た知識を分かち合う、そんなビジョンが浮かんだ。ポール・C・ブラッグの言葉によって、それまで自分の中に封印していた最高の価値観を解き放つことができたのだ。

研究し、学ぶことで、私は宇宙の法則を理解することができる。文章を書き、旅をして、人に教えることで、世界中のさまざまな仲間たちと学びをシェアすることができる。

これは、あの夜に目覚めた、私の最高の価値観だった。すべてがつながった。その気づきは、その後40年以上にわたり、私の人生を導いてくれた。

自分の最高の価値観と人生の目的を理解することによって、多くのことを成し遂げることができる。私自身も、そのことを理解することで、自分には無理だ、できない、と信じさせられていたさまざまな障害を乗り越えることができた。

実際、自分にとって最高に価値あるもの、意味のあることに対して行動を起こすと、自尊心や自己信頼感が高まり、今まで自分の選択肢を狭めていた障害に打ち勝てたような気持ちになれる。そのときの私は、まさにそんな気分だった。

人生が自分の真の目的に向かうようになると、心は自然と読書に向かうようになった。ポール・C・ブラッグが毎日唱えるようにと教えてくれた文言（アファーメーション）も、私に強さを与えてくれた。それはこのような言葉だった。

「私は天才だ。私は自分の叡智を活かす」

その後、私は少しずつ失語症を克服していった。徐々に読むこと、書くことができるようになり、ヒューストン大学で学士号を取り、テキサス・カイロプラクティック・カレッジを優秀な成績で卒業。そこで博士号も取得した。人に何かを教えることについては、学生時代から始めることになった。

18歳の頃だが、私は教室を開くことになったのだ。最初の生徒は、大柄な黒人女性だった。健康のことについてもっと知りたいと言って私のところにやってきた。次に来たのはイタリア人男性で、こちらも健康的な人生について知りたがっていた。次に来たのはドイツ人男性だった。

まもなくして私は、大学の図書館で16人の生徒を教えるようになった。やがて、ヒューストン大学のセントラルパークで100人以上の生徒を集め、公開クラスを開き、23歳になる頃にはほとんど毎晩、自分のアパート、自然食品の店、地元のカレッジや自分の大学のカイロプラクティック・カレッジのキャンパスなど、いたるところで教室を開くようになっていた。

それは、カイロプラクティック・カレッジを卒業し、自分の診療所を開設するまで数年間続いた。一般の人々に向けて、定期的なイブニングイベントも開催し、地元のラジオやテレビ番組にも出演するようになった。

やがて、私はもっと多くの聴衆の前で話すようになった。最初は州レベルで、そして全国レベルで。最終的には世界中の国々からさまざまな人が集まるような場で話をするようになった。世界中の何百万人もの人たちに向けて話すという自分のミッションを実現することができたわけだ。

それは、週に7日間、毎日18時間働いているときでも、まるで休暇中の遊びのように感じるほど、充実感に満ちた人生だ。

自分の最高の価値観に正直になることで、内面の奥深くに眠るパワーの源、インスピレーション、才能、創造力を目覚めさせ、活用できるようになったのだ。

この本には、自分の最高の価値観を知り、その素晴らしさを理解するための方法が余すところなく書かれている。それは私自身が身をもってその素晴らしさを体験し、恩恵を受けてきたバリュー・ファクターと呼ぶ方法だ。

バリュー・ファクターは、自分にとっての最高の価値観に忠実に生きる人すべてに多くの恩恵を与えてくれる。これまで、40年間に及ぶ研究から、すべての人は独自の価値観の優先順位を持っていることがわかった。

バリュー・ファクターはこの真実に基づいた理論だ。毎日が感動にあふれ、充実した人生を送る。そんな生き方を与えてくれる秘訣なのである。

バリュー・ファクターの適用

バリュー・ファクターの素晴らしさは私自身は体験していた。しかし、これを多くの人に使ってもらい、素晴らしい人生を得てもらうためにはどうすればよいか――。その方法については、すぐにはわからなかった。

その答えを与えてくれたのは、私のセミナープログラムである「ブレイクスルー・エクスペリエンス」での、数年間に及ぶ指導経験である。そのセミナーで、私は何千人もの人々が、自らの目標を設定し、限界を突破する手助けをしてきた。

バリュー・ファクターに関する私の洞察のいくつかは、過去数十年に及ぶセミナー受講生たちとのワークを通じ、観察の結果生まれたものだ。

私は多くの人がブレイクスルーする手助けをしながら、人々が自分の人生をより早く前進させ、また、絶え間ない変化の中で彼らを力づけるために使える基本的な構造があることを発見した。

この構造は二層になっている。一つ目は人がそれぞれに持つ価値観であり、二つ目は人が人生の中で持ってしまった欠落感、言葉を換えれば、人が経験してきた明らかに足りないもの、または試練のことである。

このことは、私が研究を続けている脳科学、心理学、哲学、物理学からも裏付けられる。

私はまた、成功者やリーダーの人生についても研究し、彼らの際立った業績がなぜ可能だったのか、彼らがなぜ、模範的ともいえる成果を得ることができたのかについても探求してきた。

インスピレーションと充足感という点において、人並み外れた人生を送ってきた人たちの秘密。それはやはり、自分の最高の価値観に自分の人生の目標を合致させることだった。けっして他人の価値観に従って生きるのではない。彼らは自分の最高の価値観に合致する目標を選択していたのだ。

逆に自分が選択した目標に、自分の価値観を合致させる方法もある。いずれにせよ重要なことは、価値観と目標の合致である。この本は、その方法について書いている。

人は自分の最高の価値観に気づくだけで、生活においても仕事においてもさらに大きなパワーを得ることができる。しかし、多くの人は自分の最高の価値観に気づいておらず、たとえ実際には最高の価値観に従って生きていたとしても、そのことに気づかなかったり、それが自分の最高の価値観であることを認めたくない場合もある。

その結果、自分の中で葛藤が生じたり、自分が本当に欲していることに対して誠実になれなかったりして、結果として自分のポテンシャルを十分に活かせないでいる。

重要なことは、自分の最高の価値観に気づくこと。そして、その価値観に基づき、人生の目的を設定し、そこに向かって突き進むことだ。

人間行動学のスペシャリストとして数十年仕事をしてきて、数多くの教育者、学校、いくつかの世界規模での最大手企業や組織、そして私自身のセミナーの何万人もの受講生たちとワークを行なってきた。

バリュー・ファクターのコンセプトは、そのような過程の中で磨き上げてきたものだ。本書では、バリュー・ファクターを実際に使いこなすためのエクササイズも紹介する。

バリュー・ファクターは並外れた力を発揮する。このエクササイズを実践してきた人たちは、事業を成功させ、一生の伴侶をみつけ、慢性的な苦痛から解放され、配偶者や両親、子どもとの関係を修復し、心の底からの精神的使命に再び出会うことができた。バリュー・ファクターには、そのような力が秘められているのだ。

価値観とは何か？　何が価値観ではないのか？

あなたの価値観は何ですか？　と質問されたら、どう答えるだろう？　誠実さとか、高潔さ、信用といった抽象的な言葉で答えるだろうか。あるいは、宗教的な信条や愛国的な理想、倫理的な規範について語るかもしれない。

しかし、それはあなた個人の本当の価値観ではない。それらは、私が社会的理想主義と呼ぶもの、すなわち社会的に容認された思考や行動様式にすぎない。

それは、あなた自身の本当の価値観ではない。あなたの認識、決定、行動、感情を形作る本当の推進力ではないのだ。

もしかしたら、世間でいうところの正義や理想に本当に感銘を受けたと信じているかもしれない。

しかし、それは本当のあなたの価値観ではなく、そのようにすべき（should）、そうあるべき（ought to）、しなければならない（have to）といったあなた自身の観念を反映しているだけかもしれない。

自分の価値観が、本当の自分の価値観なのか、社会的理想主義に基づくものかは、どのように表現されているかによってわかる。社会的理想主義の価値観は、一般論、観念論で語られる。たとえば、こんなふうに。

人は誠実であるべきだ。

自分がそうされたいと思うように、他人を扱いなさい。

良い人は教会、寺院、神社、モスクに通うものだ。

「進化した人」は常に寛大、または利他的だ。

……など。

これとは対照的に、本当の価値観とは、指紋や声紋と同様、人それぞれで全く固有のものだ。あなたが本当に高い価値を置くことは、家族と共に過ごすことだったり、美しい音楽を聴くことだったり、週に数回のバスケットボールだったり、あるいはオシャレだったり、世界中で事業を展開することかもしれない。

長い人生の中で、最高の価値観は変化することもある。それでもなお、それはあなたにとって最高の価値観であり、あなたの本質なのだ。

つまり、それはあなたが惹きつけられてやまないもの、否応なく追求するもの、そのことのために生きている、そういうもののことである。

それは一種の体内コンパスとなっていて、あなたが最も心を動かされる活動、人、場所へと向かわせる。そして、自分の価値観を邪魔するような状況や人物から遠ざけてくれる。

誰もあなたの指紋を変えられないように、どんな権威も、それが両親であれ、教師であれ、政治的リーダーであれ、宗教的な偉人であれ、あなたの価値観を決定することはできない。

あなただけが、自分の思考、心、魂をのぞき込み、自分にとって最も大切なものが何かを発見できる。

もちろん、自分の価値観と他人の価値観の間に類似点を見つけることはできるだろう。本を読んで学ぶことが好きな人は、同じように読書好きな人と出会うこともある。

しかし、ある人はノンフィクションが好きで、ある人は哲学書や文学が好きだったりする。投資が好きな人でも、株式投資が好きな人、不動産投資が好きな人、ＦＸにはまる人、いろいろだ。家庭のことであっても、ある親は子どもに厳しく接し、他の親は自由でのびのびと育てる。

つまり、一見価値観が似ているように見えても、その内実は全く異なることが多い。そして、他の誰とも違う、自分固有の、特有の価値観を持つことが大事なのだ。

なぜなら、あなたが自分自身の最高の価値観を理解し、それを実現することが、充実した人生の秘訣なのだから。

だからこそ私は、あなたにまずは自分のことをよく知って欲しいと言いたい。あなたが親や教師から学んだ社会的理想主義は、あなたに貯金をするように諭すだろう。

しかし、オートバイを買ったり、豪華な家を買うことが自分の価値観に合致しているのなら、あなたは貯金せずにお金を使ってしまうものだ。

家族や周りの影響から学んだ社会的理想主義は、仕事にもっと多くの時間を費やすべきだと訴えるかもしれない。

しかし、子どもたちと一緒に過ごすこと、友人と楽しい時間を過ごすこと、素敵な女性とデートすることが本当の最高の価値観だったとしたら、たとえ上司に残業を命じられても拒否して会社を飛び出すだろう。

人は自然に自分の本当の最高の価値観に従って行動する。自分が最も高い価値を置くものにお金を使い、時間を使う。

しかし、自分の本当の価値観を知らなかったら、貯金をせずにおいしいものを食べたり、高級ブランドの服を買うことに罪悪感を覚え、自分自身を嫌悪し、フラストレーションがたまる人生を送ることになってしまう。

もし、自分ではこうしなければならないと考えているのに、それができないのはなぜかと悩んでいたとすれば答えは簡単だ。本当の自分の価値観に気づいていないからだ。

自分では欠点だとか、悪癖だと考えていたとしても、それはあなたの本当の価値観であり、自分の最高の価値観に従って行動しているだけの話なのだ。

逆に、あなたが本当の価値観に気づき、その価値観に基づいて行動していれば、歴史に名を残したような偉大な人々と同じようなインスピレーションを受け取り、満足感のある日々を送ることができるだろう。

最高の価値観に基づいて行動すれば、人生の目的は達成できる。

だからこそ、真の最高の価値観に気づくべきだし、そのためにバリュー・ファクターは力となる。

次の章では、あなたの真の最高の価値観を明らかにするエクササイズを紹介する。

そして、この本全体を通して、生涯のパートナーを見つけたり、事業を成功させたり、お金を貯めたり、ダイエットに成功することまで含め、その方法を伝えていく。

さて、ここで、あなたの行動が自分の真の価値観から生まれているのか、社会的理想主義からきているのか、判定するためのヒントをお伝えしよう。

自分自身に語りかけてみて、「貯金すべきだ」「勉強しなくては」「結婚しなければいけない」といった「すべき」だとか「ねばならない」という表現を使う場合、あなたの価値観は社会的理想主義に支配されている。

これらはすべて、自分の本当の価値観ではない。

そうではなく、「そうしたい」「そうすることが好きだ」という表現になっていれば、それは本当の価値観である。

「貯金したい」「勉強したい」「仕事が好きだ」など、このように表現できることは、本当の価値観に根ざしているので、自然とゴールに向かって行動することができる。努力の必要もない。

どんなハードワークも、仕事が好きな人にとっては努力ではなく、楽しいことだからだ。

価値観は欠落感から生まれる

価値観の最も強力なポイントは、それが自分の人生で欠けていると思うもの、つまり困難、試練、生涯、悲しみといったものを反映していることにある。

欠けていると認識しているものは、強力な渇望感を生む。不足や欠落の認識は、それに対応する価値観を作り出し、それが満たされるまで私たちを駆り立てる。

たとえば幼い頃、私は矯正器具の着用を強制されていて、強い制限を感じていた。その拘束を私は自由の欠落と認識していた。4歳のとき、私は父親に、その欠落から解放してくれと頼んでみた。つまり、矯正器具を外してくれということだ。外してくれたら、手足をまっすぐに保つからと約束した。

父親は矯正器具を外してくれた。私は、拘束から解放され自由を得たことに感激し、運動することや旅行に行くことが大好きになった。

つまり、これらのことに高い価値観を抱くようになったのだ。矯正器具なしで動けることが誇らしく、どこでもひたすら走り回り、スポーツが得意になった。

大人になってからは旅行に価値を置き、世界のすべての国を訪れようと心に誓った。今では宇宙が私の遊び場であり、世界が私の家であり、すべての都市が私の心と魂を人々と分かち合うためのプラットフォームになっている。

生涯にわたる自由に対する価値観が、幼少時の矯正器具による自由の欠落からきている。欠落感が価値観を生み出すというのは、そういうことである。

矯正器具を外した後、私はもう一つの大きな欠落に直面する。難読症である。

小学校に入る頃から初期症状が現れ始め、本に書いてある文字、単語、語句の意味が全く理解できなくなった。単語を発音することもできなかったので発話障害とも診断された。

一般クラスから補習クラスに移され、さらに特殊クラスへと移動させられた。両親が呼び出され、教師からは「この子は一生、読み書きや人とのコミュニケーションができず、人生で何かを成し遂げることができないだろう」と宣告された。

このときの欠落感が、読むこと、研究すること、学習すること、そして人に教えることに対する非常に高い価値観を生み出すことになった。読むこと、書くこと、話すことの大きな欠落感が、今の私を形作っているわけだ。

このような欠落感の一つひとつが、私の人生を形成する価値観を創り出している。何かを成し遂げることは無理と言われていた私が、数百万ドル規模の世界的な事業を築き、数十冊の本を書き、国際的な著述家になり、教育者になれた。

かつては劣等生だったが、優秀な成績で大学を卒業し、哲学、心理学、人類学、生理学、化学、数学、物理学、天文学などの複数の分野で高度な研究を行ないつつ、さまざまな分野で専門家として認められるようになった。

少年時代の体験は試練に見えたが、私自身の最高の価値観を形作る必要不可欠な欠落感だった。この体験から、欠落感が価値観を創り出すという、人生の鍵となる原則を発見できたわけだ。

意味深いことに、このプロセスには終わりがない。一つの欠落感が満たされると、新たな欠落が生じ、新たな努力や価値観へと人を駆り立てる。

中にはけっして満たされないような欠落感もある。自己表現に飢えた芸術家、宇宙の秘密を知ることを切望する神秘主義者、新しい知識に貪欲な科学者、人類の役に立つことを切望する社会起業家。

このような人たちは、あまりに大きな欠落を抱えているので、彼らの価値観も非常に大きなものになっている。そのような価値観を満たすためには、人生は短すぎるのだ。

一方で、容易に満たすことができる欠落もある。この場合は、欠落が満たされると、そこから生じた価値観も忘れ去られる。そして、新しい価値観に目覚める。

たとえば、自分に対する自信が欠落していた若者は、見栄を張ったり、やんちゃをしたりすることに価値を置くことが多いが、年を取って自分に自信ができてくると、家族を愛したり、社会貢献活動に価値を置くようになることもある。

自己愛が欠落していて、愛することより愛されることに価値を置く、男性に金品やセックスを要求することでしか愛情を確認できなかったような若い女性が、年齢を重ねて自分自身を愛せるようになると、家族を愛することや、自分らしい仕事など他の価値観を持てるようになることもある。

このように、私たちの価値観は人生を通じて変化することがある。また一生変わらない価値観もある。

いずれにしても、あなたが「欠けている」と感じる何かが価値観を生み、その価値観が人生を形作る。だからこそ、自分の最高の価値観が何であるのか、知る必要があるのだ。

価値観のパワー

人生においてぜひとも手に入れたいと思うもの――。たとえば、高いキャリア、人生のパートナー、経済的自由など。それをまだ手に入れることができていないとしたら、その理由はほぼ確実に、そこに本当の価値観を置いていないことによる。

実は、より高い価値観が他にあり、自分のエネルギー、時間、お金、意識はそちらに向いているということだ。自分が本当に価値を置いているものは、他人が見過ごしても、あなた自身が見過ごすことはない。

自分の価値観を満たしてくれる人、場所、物、アイデア、あるいはイベント。それらのものに、必ず気がつく。そして、自分のすべてのエネルギーを結集して、その出会いをチャンスに変える。

身体的、心理的、精神的資源を総動員して、自分が本当に求めているものを確実に得ようとするだろう。私はこれを「偏向的注意力」と呼んでいる。

数年前、この価値観と注意力に関する衝撃的な体験をしたことがある。ヒューストンに住む親しい友人が、お気に入りの寿司バーに連れて行ってくれることになった。彼女が運転するクルマで行ったのだが、雑多な店が建ち並ぶ商店街の途中で、彼女はある靴屋の前で急にクルマを停めたのだ。小さな店がいくつも並ぶその商店街をクルマで走り抜けながら、新しくオープンしたばかりの靴屋を発見し、しかもその店のショーウィンドウに自分の好みの靴が飾ってあることを瞬時に察知し、クルマを停めたのだった。

彼女は靴に対して非常に高い価値観を持っていたので、このような神業を発揮することができた。私の場合は、靴にそれほど高い価値観を置いてないので、彼女がクルマを停めるまで、そんな店があることに全く気がつかなかった。

しかし、建物になると話が違う。私は都市計画には興味があるので、そのときも彼女が運転するクルマの中から、おもしろそうな建築中の高層マンションを発見し、そのデザイン性やゾーニングのあり方について熱心に語りかけたのだが、彼女は馬耳東風、まるで関心を示してくれなかった。

同じクルマに乗り、同じ道を走りながら、私はデザイン性の高い高層マンションを見つけ、彼女は小さな靴屋を見つけた。これが価値観の違いというものだ。

価値観の違いが注意力の違いを生み出す。もし、街中から素敵な靴を探し出すレースがあるとすれば、勝つのは確実に私ではなく彼女である。彼女の価値観が、目的と完全に一致しているからだ。

もし、私が何らかの必要があって素敵な靴を探さなければならないという状況に置かれたとしたら、私は自分の価値観を一時的に再調整しなければならない。

つまり、普段は低い靴に対する価値観を、一時的に高くする必要があるのだ。そうしなければ私は、いくら探しても、素敵な靴に出会うことはできないだろう。

また、最高の価値観は、人の記憶にも大きな影響を与える。私が「選択的偏向記憶」と呼ぶものだ。つまり、自分の高い価値観に合う情報は記憶し、そうでない情報は記憶しないということだ。

さっきの靴屋の話で言えば、彼女はその靴屋の場所を瞬時に覚えるが、私は何度説明されても、たとえ金を払ってもらっても覚えることはないだろうということである。

彼女の記憶は、彼女のより高い価値観を満たそうとするし、私の記憶は私の高い価値観を満たそうとする。

よく「私って物覚えが悪いんだよね」という人がいる。でも、そういう人に限って、自分の好みのスポーツチームの試合結果をよく覚えていたり、中には血圧検査の結果や血糖値の数値や、幼少時代の自慢については正確に覚えていることがある。

要するに、人は自分がたいしたことがないと思っていることについては物覚えが悪く、自分が高い価値を置くことについては、「選択的偏向記憶装置」が働いて尋常ではない記憶力を発揮するのだ。

自分の最高の価値観は、「選択的偏向意志」を生み出す。高い価値観に合致していることについて、強い意志の力が生み出されるのだ。

健康に価値を置いているのなら、他の楽しみを犠牲にしてでもジムに通うだろう。ただし、そういう人でも、健康よりもファッションにより高い価値を置くのなら、ジムを素通りしてブティックに行くことだろう。

自分の最高の価値観が何かを知りたければ、自分が何に最も時間を割いているかを考えてみればわかる。最高の価値観は強い意志の力を生み出し、その力は現実の行動を支配するのだ。

人が自分の最高価値に注意力、記憶力、意志力を向けたときの、物事を現実化する力について考えてみて欲しい。何ものも私たちを止めることなどできない。

生まれたばかりの赤ん坊を持つ母親は、貨物列車が通る音では起きないのに、赤ん坊がちょっとでも泣き声を上げたら、すぐに目覚める。ビデオゲームに夢中の子どもに「学校はどうだった？」と聞いても、全く聞こえていないかのように無反応だが、「この前、お前が観たいと言っていた映画を観に行こうか？」と言うと、すぐさまこちらを見ることだろう。

パーティー会場で大勢の人と知り合っても、覚えているのは自分が気に入った魅力的な異性だけで、その人については細部にわたって記憶しているはずだ。

これこそが、最高の価値観が社会的理想主義よりも巨大なパワーを持つ理由であり、社会的理想主義によって自分の価値観を曇らせてはならない理由である。

そして、充実した人生を送るためにバリュー・ファクターが重要な鍵となる理由でもある。社会的理想主義に囚われることなく、自分の本当の、そして最高の価値観に気がつくことで、最大のパワーを発揮して、最高の人生を送ることができるようになるのだ。

バリュー・ファクターを目標達成に役立てる方法

自分の最高の価値観を認識することで、力強い注意力、記憶力、行動力が生み出されるわけだが、最高の価値観に合致する目標を立てて、そこに向かって邁進するとき、さらに強力な目標達成能力やリーダーシップが生み出される。

さらに、強固な忍耐力も生み出され、努力を続けることも可能となる。

また、バリュー・ファクターによって、人を惹きつける品位というものも生まれてくる。最高の価値観から生まれた言葉、口調、振る舞いは、あなたに凜とした品位を与え、それが周囲の人々に感銘を与え、共感したり、賛同したり、応援してくれたりする。そうなると、あなたの目標達成への気持ちはさらに強くなる。

バリュー・ファクターは、強力なリーダーシップも呼び起こす。

最高の価値観を追求するとき、人は確信を持ち、その確信が揺るぎない自信と力を与え、自分と同じ道を進もうとしている人たちを導きたいと思うようになる。

こうしてバリュー・ファクターは、努力を続ける力、品位、リーダーシップを与えてくれ、目標達成の強力な手助けとなるのだ。

実のところ、人は誰でも、これまでの人生ですでに達成した目標、または実現に向かって進んでいる目標には、自分の最高の価値観が確実に反映されているものなのだ。

そもそも、閉塞感や行き詰まり感を感じる目標。何度チャレンジしても達成できない目標、実現があまりに遠く感じるような目標。そんな目標が存在するのはなぜなのか？

それは、その目標が全く非現実的なものか、自分の最高の価値観に一致していないかのどちらかだ。これは多くの人が見逃す重要なポイントである。

全く非現実的な目標とは、物理的、物質的な現実を無視した目標だ。思考が現実化するのは事実だが、だからといって念仏のように唱えるだけでは現実化しない。

ゴルフの練習もせずにタイガー・ウッズのようになりたいと念じていても、なれるわけがないのだ。

思考を現実化するためには行動が必要だ。スポーツでも芸能でもビジネスでも、高い目標を達成するためには試練がいる。その試練を乗り越え、実状に即した計画を立てることで、目標は現実化する。

価値観は抜群の威力を発揮するが、だからといって時空をねじ曲げることはできない。人が空を飛ぶためにはエンジンが必要で、座禅を組んでいるだけで空中に浮遊しているのは、写真のトリックだ。

瞑想するだけで自在に空を飛べるようになるという目標は、物理的な現実を無視した幻想だ。

では、現実的な目標を立てているのに達成できない場合はどうなのか。そして、その場合はどうすればよいのか。それには、二つのケースがある。

まず、実際にはその目標が重要だとは思っていない場合。あるいはその目標が本音とは違っていて根拠のない幻想に過ぎない場合。あるいはその目標が社会的理想主義や周囲のプレッシャーからきている場合。

つまり、実は本当の自分の価値観からくる目標ではない場合だ。

このケースでは、本当に重要だとは思っていない目標や、幻想に過ぎない目標を手放すことで、本当の価値観に基づく目標を手に入れることができ、充足した人生を得ることができる。

私の友人のヨシュアが一つの例だ。彼は自分の人生に挫折感を持っていた。

彼の夢は、世界的なベストセラー作家になることであり、国際的に著名な講演家になることだった。それで作家になり、セミナー講師にもなったのだが、私のキャリアに対して劣等感を持っていた。

私のようには本が売れず、私のようには世界を飛び回って講演するというほどの講演家にはなれていないという劣等感であり、二人で会話するたびに、いかに私をうらやましく思っているか、自分の人生に対して挫折感を持っているかを語っていた。

ある日、彼と夕食を共にする機会があったので、私は自分自身の生活がどのようなものなのかを彼に話した。

毎日の時間の過ごし方、考えていること、エネルギーを費やす対象、週間・月間・年間のスケジュール、時間があればやること、自分にとって価値の高い物事を優先させるためにどのような活動を行なっているか、ということについてだ。

それを聞いた彼は、私の実際の生活が、自分が望んでいるものとは全く違うことを理解した。

家族と離れて過ごす時間、編集者やスピーカーズ・ビューローおよびＴＶやラジオ番組の司会者との会話に費やす精神的エネルギー、飛行機やホテルの一室で過ごす時間について考えると、私と同じような人生は、彼にとっては大きな欲求不満をもたらすものであることがわかったのだ。

彼にとっての最高の価値観は家族とゆっくり過ごす時間であり、思考と執筆にあてる家での静かな時間であり、自宅のそばに広がる森を長時間散歩することであり、私のような世界を飛び回る生活ではなく、静謐《せいひつ》な生活だったのだ。

そして、彼の生活はこの価値観を完全に満たすものだった。彼は、私のようになれなかったのではなく、ならなかったのだ。

どういうわけか、彼の目標は私のようになることだと信じ込んでいたのだが、自分の本当の価値観とそれを満たしてくれている今の生活に気づいたとき、それまでしがみついていた間違った目標を手放すことができた。

次に、その目標達成を本当に望んでいるのに、それが実現できていない場合だ。この場合は、別の選択肢を自分の最高の価値観に結びつけることで解決できる。

ある医者は、より高いレベルの治療を行なうという価値観と、家族を養うという目標の間の矛盾に苦しんでいた。彼は、少しでもお金が入ると、高価な医学書を買ったり学会に出席するためにお金を使ってしまう。

新しい絨毯や家具を購入するどころか、子どもたちの学資資金のための貯金もできていない。最低限の生活費以外はすべて医学関連に使ってしまう。

このような生活を続けることで、自宅には大量の医学書が積み上がり、借金もどんどん積み上がっていった。水道光熱費にも事欠く有様で、当然のごとく妻は激怒。

借金取りへの対応にあたふたし、子どもたちの学費の心配でイライラし、子どもたちは子どもたちで、なぜ、パパは医者なのに、遊園地に行ったり、楽器を習ったり、家族旅行に行ったりと、友達が普通にやってることが自分たちはできないのか、全く理解できず、不満がたまっていた。ほとんど家族崩壊状態だ。

妻からいつ三行半《みくだりはん》を突きつけられてもおかしくない状況だった。

彼は彼で、けっして家族をないがしろにしたいわけではなく、妻子を満足させたいと心底願っていたのだが、なぜ、経済的にこれほど困窮しているのかが理解できていなかった。

なぜ、彼が本当に望んでいた「家族を満足させる」という目標が実現しなかったかというと、その目標が「あるべき」という目標だったからだ。夫として、男性として「家族を満足させるべき」というわけだ。

しかし、彼の本当に「したい」ことは医学の研究なので、目標が達成できないのは当然のことだった。

しかし、この医者は「家族を養う」という目標を捨て去ることはしなかった。そこで、私にアドバイスを求めてきたわけだが、彼を救ったのはやはりバリュー・ファクターだった。

私が行なったのは、「家族に対する経済的責任を果たす」という目標と、彼の最高の価値観である医療を結びつけることだった。

まず、経済的な問題がなくなればば奥さんからガミガミ言われなくてすむので、治療や医学の勉強に専念できることを理解してもらった。

経済的に豊かになれば、他の医師や医療関係者からの信頼も得られて影響力が増し、尊重されるようになるので、医療に対する彼の発言力も増し、実際に彼の治療方法が他の医院でも実施されるようになるかもしれない。

自分がやりたい研究に没頭したり、理想のクリニックも開設できる。

彼は私のアドバイスで、経済的に豊かになることと医療という自分の最高の価値観との間に、数多くの新しいリンクを見いだすことができた。

彼にとっての最高の価値観、つまり医師としての価値観が、経済的自由という目標と、最高の医療と研究という目標とに結びついたのだ。

貯金をするようになり、新聞の経済欄を熱心に読み、堅実な投資を行ない、家族を経済的問題から解放した。

彼が行なう治療や手術の見学を有料化することで、同業者との「医療知識の共有」という価値を、経済的自立という目標に結びつけることもできた。

さらに、図書館を利用すれば、膨大な医療情報を無料で入手できることも理解した（インターネットが普及する以前の話だ）。

彼の経済状況はたった数カ月で劇的に改善した。医療技術の向上という彼の最高の価値観と、経済的自立という目標が結びついた結果、もはや彼を邪魔する者は誰もいなくなった。家族を養うという目標と、医療という最高の価値観がキッチリと結びついた。これがバリュー・ファクターの威力である。

バリュー・ファクターをマスターする

この本であなたが得る価値は、あなた自身のコミットメントの深さに比例する。単に漫然と読むだけでも得るものがあるはずだが、これから伝えることに深く全身全霊で取り組み、自分の人生と目標、そして自分の最高の価値観を結びつけたとき、あり得ないほど大きな成果を手にすることができるだろう。

各章ごとにあなたは、自分の最高の価値観を見つけ出し、それを自分の人生の核となるものとを結びつける方法を得ることができるようになる。

自分の最高の価値観を知り、自分の意志をそこに向けることで、あなたは経済的な成功、素敵な恋愛、充実した人間関係、リーダーシップ、さらに人生のより深い意義まで、人生におけるあらゆる恩恵を受けることができる。

バリュー・ファクターをマスターするかしないかで、人生は大きく分かれるといっても過言ではない。

人生を変え、充実した人生を得るためにも、ぜひバリュー・ファクターをマスターして欲しい。

第2章

価値観を特定する

好きな仕事に就きなさい、そうすれば
働く必要がなくなるでしょう。

——孔子

パッションvs.最高の価値観

価値観の重要性を理解したところで、さっそくあなた自身の価値観を明確にしてみよう。これは、今までの人生で最も重要な行為となるはずだ。

ギリシャには「汝を知り、汝自身となり、汝を愛せよ」という諺があるが、自分自身を知ることはやはり重要だ。そうでなければ、本当の自分を生きることはできないし、本当の自分の最高の価値観を生きなければ、自分自身を愛することもできない。

自分の最高の価値観を明確にすることは本当の自分を知り、自分を愛し、人生の目的を達成するための第一歩となるだろう。

そして、その最高の価値観に基づいた目標と目的を設定する。その目標と目的を達成させ、最高の自分自身、そして意義ある人生を生きる。そのために強力なツールとなるのがバリュー・ファクターなのだ。

人生をどう語るかは、人生についての考え方、生き方に大きな影響を与える。ここで、人生について語られている有名な言葉について、その意味を考えてみよう。

トマム・ピーターズとナンシー・オースティンが１９８５年に「A Passion for Excellence（邦題：エクセレント・リーダー　超優良企業への情熱）」（大前研一訳 講談社）を書いて以来、「Passion（＝情熱）」という言葉はビジネスや人生における重要なキーワードになった。人はよく「夢中になれるもの、情熱を見つけなければ」とか「夢中になれる、情熱を持って取り組める仕事や人間関係を探している」と言う。いまや多くの人が、素晴らしい人生を送るためには、情熱を持つことが大切だと考えるようになっている。

しかし、実は「Passion（情熱）」は、自分の最高の価値観と同じではない。「情熱」のそもその語義は「苦痛」の意味だ（訳者注：「the Passion」は「キリストの受難」を意味する）。そもそも「情熱」という言葉は、私たちの感銘とか感動とかといった高度な心性を表現する言葉ではない（訳者注：『ロングマン現代英英辞典』によると、「Passion」の語義として最初に書かれているのは「a very strong feeling of sexual love」であって、つまりそれは「性愛に対する激情」を意味する）。

「情熱」は動物的で、感情を抑制したり統制が利かない。そして、それはしばしば目の前の快楽に結びつくものであり、自分の最高価値と合致したものではない。

激情に身を任せているとき、人はまるで「永遠」を手に入れたかのような至福を感じることがあるが、それは幻想でしかない。それは、けっして逃れることのできない不幸や障害、不快、苦痛から逃れようとするのと同様だ。

情熱的に生きるとは、最高の価値観に生きていないことになる。動物的な本能と衝動に突き起こされ、欲や怠惰、中毒に溺れることである。情熱は、心満たされた感動的な人生を送るのに深刻な障害となるのだ。

実際に優先順位の低い価値観に生きている、つまり他人の価値観に準じたり、社会的理想主義に追随している人は、すぐに手に入れることができる快楽を求める傾向にある。

真に満ち足りた人生を送っている人は、情熱に突き動かされるのではなく、自分の最高の価値観に合致したミッションに生きている。

一人ひとりの価値観がそれぞれ完璧に固有のものであるように、あなたが世界に果たす貢献、ミッションもそれぞれ固有のものである。

だからこそ、ミッションを見つけることは、人生の鍵となる行為であり、それはあなたが描く壮大な夢を上回るほどに意味深いことなのだ。

世界に対して大きな貢献をした偉人の人生を調べてみると、彼らは自分の内側から湧き出てくるインスピレーションに従い、自分だけの固有のリズムに合わせて躍っていたことがわかる。

彼らは他人の価値観を生きるのではなく、社会的理想主義に生きるのでもなく、自分自身のインスピレーションに従って、ミッションを追求する生き方を選び、その結果として偉大な人生を歩むことができたわけだ。

アメリカの哲学者ラルフ・ウォルド・エマーソンはこう述べている。

「嫉妬は無知の印であり、人真似は自殺行為である」

言い換えれば、人は自分に忠実であることによってのみ、高潔さを保ち、自分自身の中に独自の権威を確立し、内面が求める充足感を得ることができる。

エマーソンと同時代の、アメリカの思想家ヘンリー・ディビッド・ソローはこう述べている。

「大多数の人は静かな絶望の人生を送っている。いわゆる引退は、消えることのない絶望である」

ソローは、大多数の人たちが、自分が本当にやりたいことをせずに生きていることを見抜いていたのだ。大多数の人は、社会的理想主義や固定観念に縛られて生きている。そして、自分自身の価値観を生きる人とは、対極的な人生を送る。

しかし、偉大なリーダーは自分の価値観よりも、他人の価値観、社会の価値観を優先させることはしない。自分の考えやビジョンに対する抵抗や障害を乗り越えて、世界に対し大きな貢献をするのだ。

あなたがそれを望むのであれば、あなたにもできる。偉人が歴史に残したことと同じようなことができるのだ。自分の最高の価値観に基づいて、自分が本当にやりたいことをして世界に貢献することができるのだ。

時には、あなたの真実の力が形として現れるまでは、激しい批判を受けることもあるし、場合によっては命の危険にさらされることもあるだろう。

イエス・キリストやブッダ、マホメットなどの宗教的指導者や、リンカーンやキング牧師などのような政治的指導者の多くがこのような道をたどった。ウォルト・ディズニーやスティーブ・ジョブズのようなビジネス界のリーダーも最初は理解されなかった。ガリレオやダーウィンのような科学者も同様だ。

しかし、今では彼らも社会に理解され、大きな尊敬を集めているし、彼らが生み出したビジョン、コンセプト、哲学などは、彼らの死後も大きな影響力を残し、死してなお社会を変え続けている。

では、どうすれば自分が最高の価値観を生きているかを知ることができるのか？　実はとてもシンプルで簡単にできる。それは自分の人生を観察するだけでよい。

「行動は言葉より雄弁なり」という諺があるが、これは的を射ている。自分の人生は、自分の最高の価値観が何であるかを明確に表しているのだ。

たとえば、健康と幸福が最も重要だと言いながら、タバコをやめられないとしよう。この場合は、自分が何を言おうが、考えていようが、健康よりもタバコのほうが重要で、価値を高く置いていることになる。タバコを吸って気晴らしするほうが健康より重要というわけだ。

この場合、喫煙による気晴らしが重要であり、健康に悪いとはわかっているのだが禁煙できない。他にも、父親が喫煙者であり、その父親との関係を親密にする手段として無意識にタバコを吸っているということもある。

あるいは、母親を無視するための最初の試みとしてタバコを吸い始めたのかもしれない。

経済的自由が大事だと言いながら、貯金も投資もできなくて、浪費を続けている人の場合は、ほぼ確実にお金よりも大事だと思っている別のものがある。

貯金することには異存はないが、しかし映画を観たり、新しいアプリを買ったり、リゾートを楽しむことに、貯金よりも高い価値を置いているわけだ。

この場合、もしかすると無意識に動機が隠れているかもしれない。貯蓄に対して、それは自由を束縛する行為であると感じているとか、お金を使うことが自由の獲得に繋がると感じているとか。

私は常々クライアントに言っていることがある。それは、人生はけっしてウソをつかないということ。自分の最高の価値観は、人生に確実に現れているのだ。

残念ながら、多くの人は自分の最高の価値観を大切にして人生を生きているわけではない。

自分の価値観で生きたいと思っていたとしても、育った家族、地元の先輩、会社、遊び仲間などさまざまなコミュニティの価値観に縛られて生きている。

その結果、二つの異なる価値観を生きることになるのだ。

プライベートでは、自分の本当の最高価値に生き、対外的には社会的に影響力を持つ権威ある人の価値観に合わせて生きるといった具合だ。

たとえば、両親の前では彼らが安心するような人生で安全な選択をしているが、一人になったら、創造的で冒険的なことをしているというわけだ。

このように、外面と内面の矛盾を調和させようとする努力、外面をとりつくろうために内面を抑圧すると、大きな犠牲を払うことになる。

多くの人の人生は、このような犠牲の上に成り立っており、ソローが言うような、絶望的な人生を送っている。人生の真の意味も充足感も得られず、悲観的な人生を歩んでいる。

そのような人生の絶望から抜け出して、生き生きとした真に輝く人生を送りたければ、バリュー・ファクターを活用して、自分自身の最高の価値観が何か、そのことに気づくべきだ。

まずは、あなたを支配している（かもしれない）社会的理想主義が何かを明らかにしよう。

自分が「したい」と思っていることではなく、「すべきだ」と思っていることは何か。それを明らかにすることから始める。

【エクササイズ１】自分が持つ社会的理想主義を明らかにする

●インストラクション

あなたが「こうすべき」「こうあるべき」と思っていることをすべて書き出しなさい。
そして、その考えをあなたに植え付けた人や出来事を書き出しなさい。

例：お金は貯金して、投資に回すべきだ　父親、富に関する書籍

【「すべき」「しなければならない」といった考え】

・お金は貯金して、投資に回すべきだ
・
・
・
・
・

【その考えの元となったもの】

・父親、富に関する書籍
・
・
・
・
・

他人の価値観は以下のような表現で語られている。

1　命令形の言語をあなた自身に対して使っている

・私はこうしなければならない (should)
・私はあれをすべきだ (ought to)
・こうすることになっている (supposed to)
・あれをする必要がある (need)
・これをしなければならない（must）

そして、他人の価値観を生きていると、以下のようなネガティブな感情に苛《さいな》まれている。

2　ネガティブのABCD

A　怒りと攻撃（Anger and Aggression）
B　非難と裏切り（Blame and Betrayal）
C　批判と試練（Criticism and Challenge）
D　絶望と落ち込み（Despair and Depression）

あなたの価値観は、あなたのものか、それとも他人のものか？

誰かが「あれをやるつもりだったが、忙しくてできなかった」と言っているのを聞くたびに、私は彼がやろうとしていることは、本当は彼にとって重要ではないと理解する。

本当に重要なことは、すでに着手し、今も続けているものだ。やり続けているのは、それが彼らにとって重要なことだからだ。だからもし、あなたが何かをしたいけれどしていないという場合は、それはあなたにとって本当に重要なことではない。

「〇〇しなければならない」とか「〇〇すべきである」と考えている場合、それはあなたの最高の価値観とは違う何かをやらねばならないので、それが自分の最高の価値観だと無理やり思い込んでいるだけなのだ。

そして、「〇〇すべきである」と考えることができないと、ネガティブのＡＢＣＤで自分を追いつめてしまうのだ。

しかし、そんな状態に追いつめられることは、ある意味で天の恵みでもある。自分の最高の価値観に気づくきっかけになるからだ。

やるべきことができなかったり、集中することができなかったり、自分を律することができなかったりして、自分のことをダメ人間だと感じるかもしれない。やるべきことができないと、自分を責めるかもしれない。

しかし、どんなにやる気を出そうとしても、それが自分の価値観にフィットしていなければ、魂がそれを拒否してしまうのだ。

「できないこと」は、「それは間違っている」「間違った価値観に生きている」ということに「気づけ！」という、魂の叫びだと考えるとよい。

では、どうすれば本来の自分自身に戻れるのか？　それは「自分が本当に好きなことは何か？」「好きで好きでしょうがないことは何か？」ということを、自分自身に問いかけることだ。

これを発見するために、次のエクササイズを行なって欲しい。

【エクササイズ2】好きなことを見つける

あなたの最高の価値観を発見するために、「好きで好きでしょうがない」ことは何かを、自分自身に問いかけてみる。

ワクワクして胸躍るようなことは何か？　どんな状況に対して、意味を見いだすことがあるだろうか？　何との関係性に深い繋がりを感じるだろうか？
　本当に好きなことが見つかると、自分の最高の価値観がわかるようになる。

●インストラクション

「私は○○が大好きだ」の文章をできるだけ多くあげよう。重複のない、それぞれ独立したアクティビティであるように注意する。

例：

子どもと遊ぶ時間が大好き
静かなレストランで、楽しく会話できる人と食事することが大好き
事業を大きくすることが大好き
複雑で困難な取引について交渉するのが大好き
友達とどこかに出かけることが大好き

□私は、＿＿＿＿＿＿＿＿＿＿
□私は、＿＿＿＿＿＿＿＿＿＿

□私は、＿＿＿＿＿＿＿＿

□私は、＿＿＿＿＿＿＿＿

□私は、＿＿＿＿＿＿＿＿

さて、ここで書き出したものを見てみる。その中で、自分が最も心躍るものにチェックマークを入れる。

自分の最高の価値観に生きているかを確認する方法

1　肯定的な言葉で自分に語りかけることができるか？

・私は、○○することが大好きだ
・私は、○○することに心躍らされる
・私は、○○することを夢見ている
・私は、○○することを天命だと感じている

・私は、○○することを自分で選んで生きている

2　自分の最高の価値観と整合性がある

・私は、夢見て計画したとおりのことをやってきた
・私は、自分がやっていることにひらめきを感じている
・私は、自分がやっていることに興奮している
・私は、自分がやっていることが大好きだ
・私は、これができることに感謝している

最高の価値観が、アイデンティティを明らかにする

自分の最高の価値観を知ることのメリットは、自分がいったい何者なのかを知ることができるということだ。人生で何に最高の価値観を置いているかが、自分のアイデンティティを決めるといってよい。

誰かに「あなたは誰ですか？　何者なの？」と聞かれたらどう答えるだろうか？

子どもがいて、最高の価値観が子どもであれば「母親（父親）です」と答えるだろう。会社を経営していて、それが最高の価値観なら「事業家です」と答えるだろう。小説を書くことや、絵を描くこと、音楽を作ることに最高の価値観を置いていたら、生活のためにウェイトレスや自動車整備の仕事をしていたとしても、アーティストと答えるだろう。もし宗教に最高の価値観を置くのなら「私はクリスチャンです」とか「私は仏教徒です」と答えるだろう。ルックスに最高の価値観を持つ女性なら「私は美しい女性です」と答えるかもしれない。

このように自分が最高に価値を置いている事柄が、自分が何者かを決めるといってよい。だからこそ自分のアイデンティティを知ることは、自分の最高の価値観を知る手がかりとなるわけだ。

【エクササイズ3】アイデンティティを知る

●インストラクション　次の質問に答えなさい。

・あなたのことを教えてください。あなたは何者ですか？

・それは、何の価値観を映し出したものでしょうか？
・あなたのパートナーは、あなたのことをどんな人間だと見ていますか？
・それは、何の価値観を映し出したものでしょうか？
・あなたの友人は、あなたのことをどんな人間だと見ていますか？
・それは、何の価値観を映し出したものでしょうか？
・あなたの同僚は、あなたのことをどんな人間だと見ていますか？
・それは、何の価値観を映し出したものでしょうか？

自分が変わるとき、自分の最高の価値観も変わる

最高の価値観は、年齢や人生のステージによって変わるものだ。たとえばこんなふうに。

【年齢】	**【価値観の例】**
0～10歳	遊ぶこと、楽しむこと、特定のスキルを学ぶこと
10～20歳	友達との交流

20〜30歳　交際、キャリア、経済的基盤の構築
30〜40歳　家庭を作る、社会的職業的アイデンティティの構築
40〜50歳　経済的安定と子どもの高等教育
50〜60歳　旅行、後回しにしてきた意味のある活動
60〜70歳　遺産を残す、死への準備
70〜80歳　社会への還元、次世代のサポート
80〜90歳　自分の能力を維持するための活動に専念、引き続き社会への還元

第1章で述べたとおり、最高の価値観が一生変わらないことは稀だ。一つの欠落感を埋めたら、別の欠落感が生まれ、新しい価値観が形成される。一つの価値観を満たすと、新たな不満足と欠落感が現れ、それが新しい領域での充足感の追求へと駆り立てる。

自分のキャリア形成に最も高い価値観を持っていたとしても、目標が達成できたら、キャリアを高めることより、後世の世代に何かを伝え遺すことに価値を置くようになるかもしれない。自分の最高の価値観は、自分のアイデンティティの成長に合わせて進化する。そして、バリュー・ファクターはこの進化に気づくための手助けとなる。人生の旅の、それぞれのステー

ジごとに最高の価値観に沿ってゴールを設定することができる。

人間関係に対する価値観も進化する。若い頃には異性とのロマンティックな関係を作ることに高い価値観を置き、外見に磨きをかけようと思うかもしれない。

誰かとロマンティックな関係を築けると、今度はその関係をより深く意味のあるものにしようとする。そのために自分が変わり、成長しようとする気持ちになり、恋人と新しい人生を作ろうという気になる。

こうしてロマンティックな関係は、共に家庭を築きあげる関係となり、結婚し、子どもができ、子どもが成長して独立したら再び二人きりの生活に戻り、世界を旅したり、ボランティア活動に精を出したり、町内会の世話役になったり、あるいは会社を作ったり、新しい趣味を見つけたりするようになる。

このように、価値観は人生のステージごとに変化するが、バリュー・ファクターはどの段階においても、自分の最高の価値観と目標に整合性をとるのに有益である。

あなたの最高の価値観がどのように成長し、進化してきたのか。徐々に、あるいは急激に変わったのか。

その答えを知ることで、自分の価値観の現在の状態を知ることができる。「エクササイズ４」では、常に変化している自分の価値観を理解する方法についてお伝えする。

【エクササイズ4】自分の価値観がどのように進化しているか理解する

●インストラクション

それぞれの年代のときに、最高の価値観だったものを記入する。実際の年齢が図の年齢に達していない場合は、その年齢になったときに何が最高の価値観になっているか想像して書き込んでみる。

【年代】	【重要な価値観】
子ども時代	1
	2
	3
学生時代	1
	2

3

20代

1

2

3

30代

1

2

3

40代

1

2

3

50代

1

2

	3	
60代	1	
	2	
	3	
70代以降	1	
	2	
	3	

最高の価値観を知る5つのステップ

自分の最高の価値観が何か、正確に知るために人生を細かく見ていこう。自分の価値観の優先順位がハッキリ、くっきりと見えるようになるまで、じっくりと考えて回答して欲しい。

【ステップ1】

次の13の質問に、回答を３つずつ書き出す。そして、それぞれの答えについて、あなたにとって最も重要な例を３つあげなさい。

1　家やオフィス等、あなたの周りの空間を占めているものは何か?

自分にとってさほど重要でないものは、ゴミ箱に捨てられたり物置や倉庫にしまい込まれているものだ。

かつて収集したカードや写真集は、自分にとって価値の高いものであると思っていても、実際には自宅のクロゼットに積み重ねられた段ボールの奥底に眠っていて、普段見ることがないかもしれない。それはもはや今の自分には価値がないものであることを意味する。

本当に価値のあるものや大事なものはオフィスや自宅の書斎やリビングなど、すぐに目につくところに置いているものだ。

家族の写真、ゴルフ大会で優勝したときのトロフィー、業界団体から贈られた賞状、あるいは美しい陶磁器、イタリア製のソファ、海外旅行で買った思い出の土産物などだ。

あるいは、ジャズのＣＤ、古い名画のＤＶＤ、歴代のプレステと名作ゲームソフトかもしれない。どんなものでも、あなたにとって高い価値のあるものは、自分の身の回りに置いてある。
あなたの自宅やオフィスの空間を占める3つのアイテムは何だろう？

2　何に時間を使っているか？

人は、自分にとって本当に大事なことに優先して時間を使う。そして、どうでもいいことに対してはそのための時間は残っていない。

よく「やりたいことをする時間がない」という人が多いが、それは実は自分にとって重要なことをやるのに忙しくて、「やりたい」と思っていることは実はそれほど重要ではないのだ。自分にとって重要なことなら、なんとしてでも時間を作るもの。本人もそれはよくわかっているはずだ。

だから、何に時間を使っているかを考えれば、自分の本当の価値観が見えてくる。私は調査研究、執筆、出張、そして教えることに毎日、時間を費やしている。

この4つが、私の最高の価値観のトップ4なのである。この4つのために、私は時間を作る。

そして、これらのことに忙しすぎて、料理したり、クルマを運転したり、その他の家事をするヒマがない。家事やクルマの運転は私の価値観の優先順位が低いのだ。

どのように時間を使っているかが、あなたにとって何が最も重要かを示してくれる。

あなたが最も多く時間を割いている3つの活動は何だろう？

3　最もエネルギーが湧いてくるものは何か？

どんなに疲れていても、もうダメ、無理と思っていても、自分が心を動かされるもの、つまり最も価値を置くものに対してはエネルギーが湧いてくるものだ。

価値観の低いものは、あなたからエネルギーを奪うが、価値観の高いものはエネルギーを与えてくれるからだ。

価値観の高いものに関することをすると、あなたの心は躍り、エネルギーが湧いてくる。あなたが最もエネルギーを注げる３つの活動は何か？　どこからそのエネルギーは湧いてくるのだろう？

４　最もお金を使っているものは何か？

空間や時間、エネルギーと同様、お金もあなたが最も価値を置くものに使うし、価値を置かないものには使いたいとは思わない。だから、お金の使いどころを見れば、自分の価値観がわかる。最もお金を使っているアイテムを３つあげてみよう。

さて、ここまでの質問に答える中で、あなたがあげた答えのいくつかが重複して出現していることに気づいただろう。

空間、時間、エネルギー、そしてお金を使う上位の活動には、共通点がある。それは、あなたの最高の価値観、目標、日常の活動が同じライン上にあるということを示していることになる。

5　最も整理整頓できているものは何か？

人は、自分にとって重要なことはキチンと整理していて、価値観の優先順位が低いものは乱雑に放っておかれているものだ。

だから、自分の人生で最も秩序立てて整理・整頓されているものを探せば、自分が何を重要としているか、本当の姿が見えてくる。

それは、洋服、CD、本、保険関係の証書などの「モノ」かもしれないし、ダイエットや成人病予防のための食生活、宗教的な儀式、仕事のメールは原則24時間以内に返信するなどといった「習慣・行為」かもしれない。

私の場合は、調査研究や講演のための資料、出張ための旅程表が最も整理されている。調査研究、執筆、出張、講義・講演が私の最も高い価値観であることがわかる。

あなたは、どのようなアイテムや行動が最も整理されているだろう？

6　あなたが最も頼りにでき、規律正しく、集中できることは何か？

自分が最も価値を置くことをするとき、誰かにせかされてやることはない。自分の中から「やりたい！」という気持ちが起きていて、誰から言われなくても自発的にやる。そんなものだ。

誰かから言われなくても、自ら規律正しくできる。信頼でき。集中できる。そんなものを探してみよう。私の場合、ここでも、調査研究、執筆、出張、そして講義・講演となる。本当にこれらの活動が好きなんだなと思う。あなたの場合、それは何だろう？

7　何について最もよく考えているか？　内面を奥深く支配している思考とは何か？

これは、「どうせ私なんか」といった自己卑下するネガティブなセルフトークや、「これをしなきゃ」「こうすべき」と頭の中で考えていることでもない。そうではなくて、あなたが将来こうなりたいとか、実現したらうれしいといった前向きな将来像のことだ。そしてその中でも、実際に考えていたことが実現しつつあることについてあげる。さて、あなたが最も頻繁に考えることは何だろうか？

8　頭の中で思い描き、そして現実化に向かっているビジョンは何か？

ここでも念のために言っておくが、私は幻想や妄想のことを言っているわけではない。あなたが自分の人生について思い描いていること、そしてたとえ少しずつ、ゆっくりとでも現実化していることは何か？　ということだ。

（訳者注：たとえば、途上国の子どもたちを救うというビジョンを持ち、会社を辞めてアメリカの大学で国際協力の学位を取り、グローバルに活躍する大手ＮＧＯに就職したとすれば、それが「あなたが思い描き、現実化に向かって進んでいるビジョン」である。）

あなたが思い描き、現実化に向かっている３つのビジョンは何だろう？

9　自分自身に語りかけるトピックで最も多いのは何か？

自分自身に対して最も語りかけているテーマや話題は何か？　これも、ネガティブなセルフトークのことではない。何かを求めるような会話を、自分自身としているかということだ。これも３つあげる。

10　社交の場で最も頻繁に話す話題は何か？

複数の人が集まる社交の場で、誰かに尋ねられなくても、あなたが常に話題にすること、話題にしたいことは何か？　どんな話題が、あなたを社交的にしてくれるだろう？

その話題になったら生き生きとする、その話題ならいくらでも話せる、話し出したら止まらない、そんな話題のことだ。

この質問は他人の価値観を知る方法としても使える。誰かと話す機会があったとき、相手があなたに子どものことを尋ねてきたら、その人の価値観は大方子どもだと思って間違いない。仕事のことを聞いてきたら、その人の価値観はもちろん仕事。「最近、誰かと新しく知り合いになりましたか？」と尋ねてくる人の価値観は人間関係にあるといえる。

自分を惹きつける話題が、自分の最高の価値観を理解する一つの鍵となる。あなたが誰かと話をするとき、最も好んで話をしたい話題は何だろう？

11　最も心が動かされるものは何か？

自分が心を動かされるものは何か？　過去に感銘を受けたり、感動したりしたことは何か？

感動したり感銘を受けた人は誰か？　その人と自分との共通する部分は何か？
自分が最も心を動かされたことが、自分の最高の価値観を表している。心を動かされた人、その人の行動、その結果や成果にはどのようなものがあるだろう？

12　一貫して立てている長期的な目標は何か？

現実化するために集中して取り組んでいる長期目標は何か？
もちろん、これも幻想や妄想ではなく、ゆっくりと、しかし確実に現実化しようとしている夢のことだが、常日頃からそのことを思い、考え、長年にわたって持ち続け、少しずつ現実化に近づいている夢を３つあげてみよう。

13　最も学びたいと思うものは何か？

今、一番学びたいと思っているものは何だろう？

書店に入って真っ先に向かうのはどんなジャンルのコーナーだろう？

購読している雑誌や新聞は？

その雑誌や新聞で、最初に読むコーナーや連載は？

必ず見るドキュメンタリー番組や映画はあるだろうか？

常日頃からずっと考えていて、誰か他の人にしょっちゅう質問していることは何だろう？

3つあげてみよう。

【ステップ2】何度も重複して出てくる答えを見極める

以上の13の質問に3つずつ答えたら、合計で39の回答が出てくる。その中には、繰り返し出てくる答えがあるはずだ。かなりの頻度で出てくる答えもあるだろう。それは、違った側面から、同じ価値観が表現されているからだ。

たとえば、「気に入った人と共に時間を過ごす」「同僚と飲みに行く」「友人と食事する」などは、実は全く同じ価値観の現れである。

自分が出した39の答えを注意深く分析して、繰り返し出てくる共通のテーマを見つけ出そう。

そして、一番多く出てくる答えから、順番に並べてみる。すべての答えがランキングされたら、それがあなたの最高の価値観を示す指標となる。

このランキングに従って、人生のさまざまなことを決断したり、日常生活のことを決めたりできる。そして、このランキングを見ると、自分の人生を自分の最高の価値観に従って、自然に送っていることがわかる。

【ステップ3】あなたの価値観をまとめ、優先順位を作成する

繰り返し出てきた答えの頻度に基づき、あなたの最も大切な価値観の上位5つを、優先順位の高い順にあげる。

一番重要な価値観が1番に、一番低いものが最後にくるように。

1 ＿＿＿＿＿＿＿＿

2 ＿＿＿＿＿＿＿＿

3 ＿＿＿＿＿＿＿＿

4 ＿＿＿＿＿＿＿＿

5 ＿＿＿＿＿＿＿＿

このリストが、あなたの価値観の優先順位リストになる。このリストに基づき、人生を構築し、さまざまな選択肢のどれを選ぶか決断することができる。

何かに迷ったときは、このリストの上位にある価値観に従って決断すればよい。

【ステップ４】価値観優先順位をダブルチェックする

この優先順位リストの順番、自分の価値観の優先順位が正確に決定できたかどうかを確認するために、自分自身に次の質問をしてみる。

このリストの１番目と２番目の価値観を選ぶとしたら、どちらを選びたいだろうか？　私の人生は、どちらをより頻繁に、私の最も重要な価値観として示しているだろう？

このリストの２番目と３番目の価値観を選ぶとしたら、どちらを選びたいだろうか？　私の人生はどちらをより頻繁に、私の最も重要な価値観として示しているだろう？

このリストの３番目と４番目の価値観を選ぶとしたら、どちらを選びたいだろうか？　私の人生はどちらをより頻繁に、私の最も重要な価値観として示しているだろう？

このリストの４番目と５番目の価値観を選ぶとしたら、どちらを選びたいだろうか？　私の人生はどちらをより頻繁に、私の最も重要な価値観として示しているだろう？

【ステップ５】必要ならリストを修正する

ステップ４でチェックしてみて、どうも自分の価値観の優先順位が間違っていると感じたら、納得できるまでチェックを繰り返し、リストを修正する。そして、納得できたら最終的な価値観の優先順位リストを作成する。

1 ＿＿＿＿＿＿＿＿＿＿＿＿
2 ＿＿＿＿＿＿＿＿＿＿＿＿
3 ＿＿＿＿＿＿＿＿＿＿＿＿
4 ＿＿＿＿＿＿＿＿＿＿＿＿
5 ＿＿＿＿＿＿＿＿＿＿＿＿

ようこそ、あなたの最高の価値観へ！

これらの最高の価値観は、あなたの日常に起きるさまざまな出来事に対する認識、決断、そして行動を決定づけるものだ。これらはあなたを運命へと導き、人生の旅に進化をもたらすだろう。

【ステップ6】あなたの最高の価値観を再評価し続ける

最高の価値観は常に進化しているため、この価値観の優先順位リストは3カ月ごとに見直すことをお勧めする。

ここまでの5つのステップに、3カ月ごとに取り組むのだ。そして、人生が進むにつれて、自分の最高の価値観がどのように変化しているのか、記録してみよう。

最高の価値観を生きる

これであなたは、自分の最高の価値観がどのようなものか、理解できたと思う。人生における目標、行動、人間関係、キャリアなどが、自分の最高の価値観と整合性がとれる、そんな人生を組み直すチャンスと力を手に入れたことになる。

次の章では、人生における試練の価値について理解し、物事に対してバランスの取れた見方をする方法についてお伝えする。

第3章

試練がもたらす価値観

私たちは皆、不可能という
仮面をかぶった大きなチャンスに
恵まれている。

——チャールズ・スウィンドール

天啓を与えてくれる試練を選択する

「なんだか空しい。何か満たされてる感じがしない」という言葉がついつい口をついて出てしまうとき、多くの人はそれが「悪い」ことだとみなしている。しかし、その状況は、実は仮面をかぶった祝福なのだ。

このことを知ったのは、私が20代前半の頃だ。それは、私の人生における最も大きな発見だった。

矯正器具を付けた難読症で失語症の子どもが、大学やプロフェッショナルを養成する職業スクールで常にトップクラスの成績を取るようになり、調査研究、執筆、講演をライフワークとするようになった。

自分の欠落感の順位が、自分の価値観の順位を決定するということを理解したのが、その頃だった。バリュー・ファクターという概念も、そこから生まれた。

人生で偉大なことを成し遂げた人たちは、人生のどこかで欠落感を感じていた。アインシュタインは、自分が無知であることを知っていた。いわゆる「無知の知」である。

だから「知の探求」に並外れた価値観を持ち、知の巨人となることができた。ヘレン・ケラーは見ることも、聞くことも、話すこともできないという三重苦に絶望したからこそ、それを克服して、他人とコミュニケーションすることに大きな価値を見いだした。

欠落感と試練を経験することで、これらの人々は、人類の歴史を変える偉業を成し遂げることができたといってよい。

欠落が最高の価値観になる。そして、欠落が大きければ大きいほど、大きなことを成し遂げることができる。これが「試練の価値」である。


どれほど小さな欠落感や試練であっても、それは価値観を形成する要因となり、その価値観を満たすための行動に向かわせてくれる。欠落や試練が大きければ大きいほど、価値観も壮大になり、それを達成するための力も大きいものになる。

人類の歴史に大きな影響を与えたリーダーたちは、とてつもなく過酷な試練や欠落に直面したことによって、最高の価値観が塗り変わり、それが彼らの人生に影響を与え、多くの人の人生に影響を与えるような人物になったのである。

たとえば、アメリカにおける黒人の公民権運動の指導者であり、黒人差別と激しく戦ったキング牧師は、自分自身の中にも、人々の内面にも正義が欠如していると感じたからこそ、彼の中で新しい価値観が形成された。その価値観が、世界やアメリカ国家を動かすような激しい活動へと彼を突き動かすことになったのだ。

もし、キング牧師が、世界は満たされていると感じていたら、正義をなくしたアメリカを変えようなどとは思わなかっただろう。

そして、あの有名な「私には夢がある」と語ったように、平等と正義の世界を思い描くことも、それを実現するために多くの人々を啓蒙することに、あれほどの情熱を傾けることはなかっただろう。

私たちの人生は試練の連続だ。試練によって新たな学びを得る人もいれば、ただうちひしがれるだけの人もいるだろう。

実は、最高の価値観を生きていると、意図的にこのような試練や難しい課題を求めるようになる。

最高の価値観を受け入れると、内面の豊かさ、エネルギー、エンジン、決意、意志、集中力、明晰さ、知性、才能、そして能力を十分に働かせることができるようになるからだ。

心身ともに充実したアスリートが、次々と難しい技や高い記録に挑戦したくなるようなものだ。

また、最高の価値観を生きていると、自分の軸が定まるので、困難なときでも助けを必要としなくなる。むしろ、困難や試練を支援と同じように受け入れることができるようになる。そして、すべての困難に打ち勝ち、試練に立ち向かえるようになる。

それに対して、他人の価値観や、優先順位の低い価値観で生きていると、インスピレーションが得られなくなる。そうすると、試練に打ち勝つことができなくなり、支援ばかりを求めるようになる。

つまり、「試練の価値」が得られなくなってしまうのだ。その結果、望まないような試練ばかりに出会ってしまい、人生に絶望するようになるわけだ。

充実した人生を送るための秘訣は、自分の欠落感に集中して生きることだ。欠落感は、私たちの限界を広げ、新しいビジョン、新しい可能性、新しい自分を創り出す。

人間の創造性や革新性というものは、このような試練、人生に変化をもたらすような試練に直面したときに生まれてくるし、発揮されるのだ。自分がエキサイトするような試練を求めよう。そうでなければ、辛いだけで何の益もない試練がやってくる。

自分を発憤させる試練という概念は、試練を、避けるべき危険だとか、最小限にとどめておきたい痛みだとか、いわゆるネガティブという名のものとして捉えている人にとっては、考えられないことだろう。

しかし、実際にはあなたの人生を満たしてくれるインスピレーションというものは、間違いなく欠落感を埋め、さまざまな問いに答え、問題を解決し、謎を解くといったことにあなたを駆り立てるような、そんな試練から生まれてくる。

このような成長と変容のプロセスに生きることが、自分自身にも周囲の人間にも価値をもたらす、そんな充実した輝く人生を送るために必要なのだ。

私たちは、欠落を埋めようとするし、未知のものを知ろうとする。問題があれば解決しようとする。

世の中のすべての仕事、工場の工員、ショップや飲食店などの店員、あるいは弁護士や公認会計士のような専門職など、どんな職業でも誰かが試練を通じて変容したり、欠落を満たすための助けとなっている。それは大きな価値を生み出す。

これはバリュー・ファクターの重要なポイントだ。欠落がニーズを生み、ニーズが新しいビジネスを生み出す。

ビジネス・パーソンは生活者のニーズに合った製品やサービスを生み出すことで、彼らの欠落感を満たす。営業マンや営業ウーマンは、顧客の欠落感と、それを満たしてくれる製品やサービスを結びつけることが仕事だ。

どんな仕事も、何かの形で、誰かの欠落を埋め、彼らが新しいビジョンを生み出すことを手助けしているというわけだ。

このように、試練という悪いニュースは、満たされた価値という良いニュースに変わる。試練、困難、障害という悪いニュースが、インスピレーション、満足感、価値あるものに変わるのだ。

世界のどこかで欠落したものを見つけたら、少なくとも一つくらいはそれを満たすことを思いつくだろう。その欠落を満たすことが、自分自身を豊かにしてくれる。

他人の試練を助けることで、あなた自身の試練を解決することがある。そして同時に、経済的なチャンスを見いだすことだろう。

自分の周りにいる他人が直面している試練に手を差し伸べようとするとき、自分には他人を助けるのに必要な富があることに気づく。金銭的な富だけではない。

助けを必要としている人たちにとって、あなたは価値ある人間なのだ。その事実は、あなたに自尊心を与えてくれる。

試練と支援のバランス

世界はバランスでできている。だから、試練と支援もバランスする。私のように、幼い頃から大きな試練に見舞われると、試練に打ち勝つ力、自立心を得ることができる。

逆に、幼少期から支援ばかり受けて育つと、依存心ばかりが発達し、支援から得られる安らぎ、慰め、安心感といった感情に溺れてしまう。

つまり、完全に支援を受けようとする心に支配されてしまう。そして、宇宙は常にバランスを回復しようとするから、支援に対する依存心がある限り、宇宙は試練を与える。

一見すると、他人からの支援は、自分の最高の価値観をサポートしてくれているように見える。しかし、それは支援してくれている人、そして、支援そのものに依存するというマイナス面を持っている。つまり、いつまでも未熟なままで成長しないことになる。

たとえば、両親にいつも靴のひもを結んでもらっている子どもは、いつまでたっても自分で結べるようにはならない。それどころか、自分で結べるようになるために頑張ろうという気にもならないだろう。

しかし、両親がいつも結んでくれるわけではない子どもの場合は、頑張って自分で結べるようになるだろう。つまり、この子どもは早い段階で、自立心を養う機会を得たことになる。

もちろん、子どもには支援が必要だ。誰も食べ物や家、暖かい衣服を与えてくれなかったら子どもは生きていけない。もし、誰もその子に靴ひもの結び方、本を読むこと、自転車の乗り方を教えなければ、その子は満たされた人生を送れないだろう。

成長と発達の段階に応じて、子どもはバランスの取れた支援と試練が必要となる。これは、多くの科学者や社会学者が指摘していることでもある。最大の成長は、試練と支援のバランスポイントに宿るのだ。

支援と試練のバランスが取れた状況で育てば、子どもは自分の役割を適切に果たすことができる、そんな大人へと成長する。なぜなら、支援と試練にはどちらにも私たちに真実の「世界との関係」を教えてくれる何かがあるからだ。

世界との関係とはつまり、私たちは独立した、自立した、自由な存在であると同時に、誰かに依存して、弱く、さまざまな制約の中に生きているということだ。

支援と試練、両方の必要性を理解して初めて、試練とはミッションを達成するために、己を奮い立たせてくれるチャンスであるということを、本当の意味で理解し、受け入れることができるようになるのだ。

自分の最高の価値観を生きていると、自分を触発してくれる試練を、試練と支援のバランスを、自然と受け入れることができるようになる。これが、バリュー・ファクターのキーポイントだ。

では、支援と試練はどのようにバランスしているのか？

前述のキング牧師の例でいえば、彼はアメリカの黒人が直面している差別という試練に突き動かされて活動をしていた。

しかし、試練に立ち向かっていた彼は、何千何万という多くの人たちから支援を得て、その活動を大きなものにすることができた。

最終的にキング牧師は「暗殺」という大きな試練に見舞われたが、この暗殺事件がきっかけとなり、黒人差別撤廃を求めた公民権運動はさらに大きなうねりとなり、そして2008年、アメリカに初の黒人大統領が誕生した。

有名な彼の演説の一節、「私には夢がある」というその夢が実現したのだ。

ヘレン・ケラーは三重苦という試練に苦しんだが、同時にアン・サリバンという素晴らしい教師と出会い、彼女によって世の中には言葉というものがあることを初めて知ることができた。

サリバン先生は大きな支援をヘレン・ケラーに与えてくれたのだ。宇宙は常に、バランスを維持するように働いているのだ。

あなたも、自分の最高の価値を生きていると、たとえ逆境だと思うときでも、自分自身と自分のミッションに忠実に生きていることが自覚できるから、自分がなしたことをきちんと評価し、自分で自分を褒めてあげることができる。

ミッションへと向かう旅の途中で、支援と試練のバランスを自然と受け入れることができるのは、自分の最高の価値観を生きているときだ。

そのような生き方ができたとき、あなたは誰かの支援に依存することなく、支援を求めて膨大な時間とエネルギーを費やすこともなく、本当の自分自身となってあるがままの人生を受け入れ、良いことだけに感謝するのではなく、バランスの取れた現実に対して静かに感謝することができるようになる。

一方で、他人の価値観に従って生きていると、あなたは必ず不平不満の人生を送るはめになる。一見すると順風満帆な人生を送っているように見えても、だ。

なぜなら、それではけっして自分自身の最高の価値観を満足させることができないからだ。他人の価値観とか、社会的理想主義というものは、けっしてあなたに意味ある行動を引き起こしたりはしない。

他人の価値観は、仕事、人間関係、自己啓発、精神的成長といった、人生のどんな領域においても、あなたが最高の仕事をするために必要なエネルギー、献身、注意力、記憶力といったものを生み出したり、働かせたりすることはできない。

自分の最高の価値観に生きるときにだけ、自分の本当の価値観を理解することができる。そのとき、初めてあなたは試練が自己変革のためのきっかけであり、人生において必要不可欠なものとして、喜んで受け入れることができる。

最高の価値観を生きていなければ、私たちは無意識のうちに、本来の自分に目覚め、本当の価値観を生きる道に引き戻すための試練を引き寄せてしまう。このような試練は、表面的にはけっして心を動かされず、きわめて困難で苦痛に感じるかもしれない。

しかし、それは確実に、自分の人生を本当の価値観に生きる道へと引き戻すために起こっている試練なのだ。

このことをさらに深く理解するために、次のエクササイズをしてみて欲しい。

【エクササイズ1】自分の人生、何かが間違っている？

私たちは、人生に困難よりも楽を求める傾向にある。そして、そのためにアンバランスな願望を持つはめになる。もっと賢くなって、快楽と苦痛の両方、それから支援と試練の両方、望みが叶うのと叶わないのとの両方を受け入れることが大事だ。

●インストラクション

次に、これまでの人生で「失敗」「欠落感」「間違い」「困難」「苦痛」を感じたことを列挙してみよう。

たとえば、母親がいなかった、兄からいつも「お前はブスだ」とからかわれていた、野球やサッカーなどのクラブ活動でいつも補欠だったなど。

そして、現在の状況についても同様に書き出す。たとえば、「いつも子どもに手が焼ける」「人前で話すのが不安だ」「自分には魅力がない」「いつも金欠だ」などなど。

この段階では、自分が感じていることが、客観的にどうなのか、思い込みではないか、バランスを欠いた考え方ではないか、などと深く考える必要はない。ここで必要なことは、自分にとって明らかな恐れ、フラストレーション、困難、そして顕在的、潜在的に感じた欠落感が何かを知ることだ。

リストが完成したら、それぞれの項目に最も深刻だと思うものから順番に順位をつける。つまり、自分の人生で感じた欠落感や試練のトップ10を決定するわけだ。

【過去に間違いや欠落感や苦痛とみなしていること】　【順位】

・＿＿＿＿＿＿＿＿＿＿＿＿＿＿＿＿　1　＿＿＿＿

・＿＿＿＿＿＿＿＿＿＿＿＿＿＿＿＿　2　＿＿＿＿

試練の中の価値

自分の最高の価値観を生きていないとき、一見すると意味のない悲劇としか思えない試練、人生におけるなんの兆候もない試練に襲われることがある。

しかし、そのような試練を違った角度から見ると、そこに深遠な意味を見つけることができる。そうすると、その試練は突如として自分を変革してくれるチャンスに変わる。

・ 3

・ 4

・ 5

・ 6

・ 7

・ 8

・ 9

・ 10

あなたの人生で起きた試練が、どのようにあなたの価値観を創り、自己変革につながるチャンスを提供してくれるのか。エクササイズ2で、そのことをじっくりと見て欲しい。

【エクササイズ2】困難がもたらす価値

前のエクササイズで、人生の間違いを明らかにしたわけだが、今度はそうした困難から得られる恩恵やメリットを見つけて欲しい。

●インストラクション

エクサイズ1にあげた過去の人生に間違いや欠落感や苦痛を感じたことをあげ、それぞれについて、そのことが自分にもたらしてくれた恩恵やメリットを少なくとも5つ書き出す。

【間違い◉欠落感◉苦痛】	**【恩恵◉メリット】**
1	1

3　　2

5 4 3 2 1　5 4 3 2 1　5 4 3 2

4

1
2
3
4
5

5

1
2
3
4
5

6

1
2
3

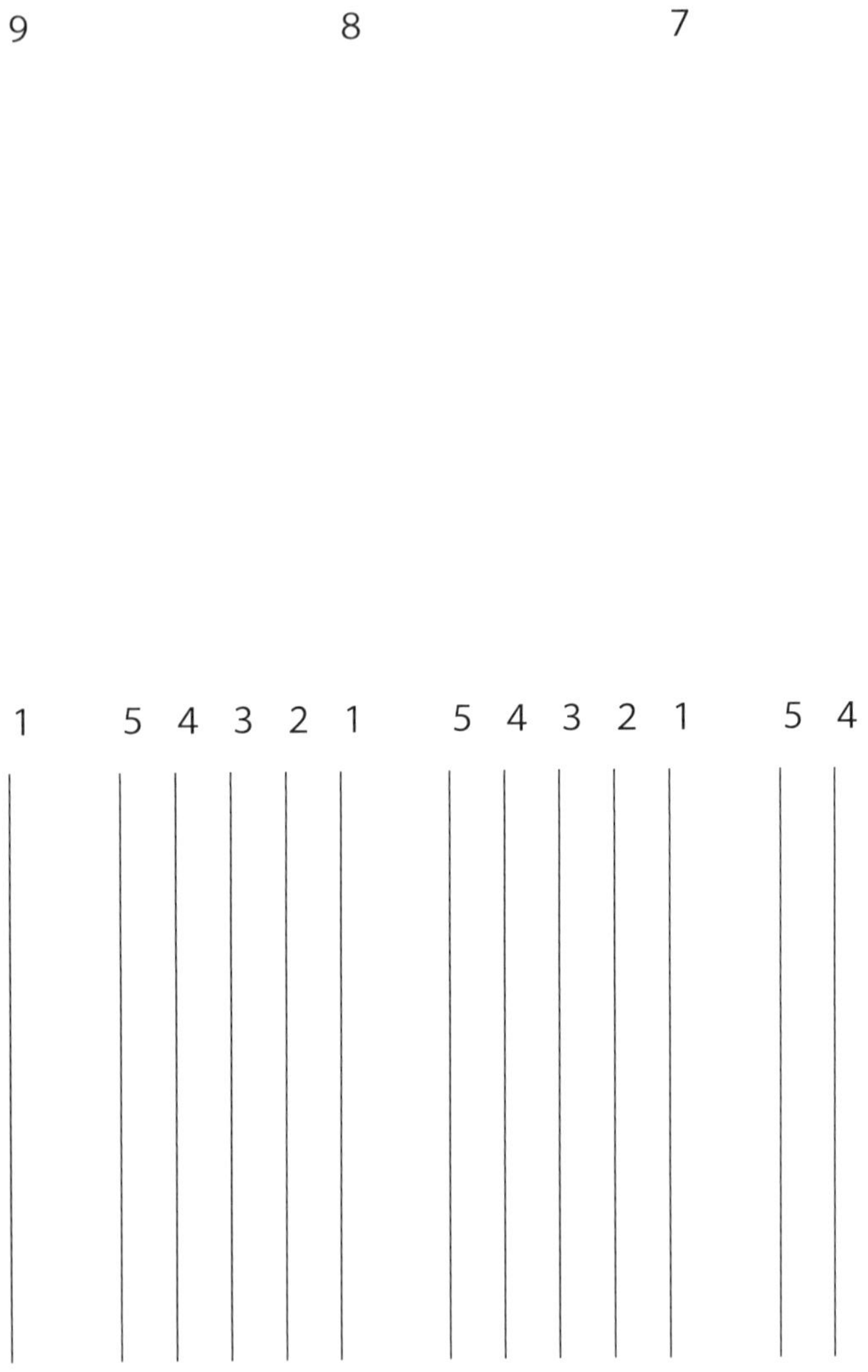
9 8 7
1 5 4 3 2 1 5 4 3 2 1 5 4

2 ＿＿＿＿
3 ＿＿＿＿
4 ＿＿＿＿
5 ＿＿＿＿

10

1 ＿＿＿＿
2 ＿＿＿＿
3 ＿＿＿＿
4 ＿＿＿＿
5 ＿＿＿＿

【エクササイズ３】試練が価値観の優先体系に影響を及ぼす

試練は、私たちの現在の価値観の優先パターンについて、より深く考えさせてくれるインスピレーションを秘めている。このエクササイズは、試練があなたの価値観の体系にどのように影響を及ぼすのかを知る良い機会となる。

●インストラクション

まず最初に、最近あなたが直面した試練について洗い出す。そして、その試練があなたの価値の優先体系にどのような影響を及ぼしているか考えてみよう。

その試練によって、価値観の優先順位に影響があったのではないか？　新たな価値観が生まれたりしていないだろうか？

または、従来の価値観で生きているために、その試練が起こったのではないか？　それはその価値観を見直す機会を与えられたということではないか？

あなたの答えに、正しいとか間違いというものはない。そこにあるのは真実だけである。

少なくとも15分はかけて、最近の試練があなたの価値観の優先パターンに与えた影響について書き出してみよう。

・

・

・

・

第4章

運命を生きる

魂に火がつけば、
不可能は消えてなくなる。

——ジャン・ド・ラ・フォンテーヌ

最高の価値観こそ人生の目的

何年も前のことだが、カナダのケベック市で「プロフェシー・エクスペリエンスI」というセミナーを開催した。

そこで私は、好きな仕事を追求して、満足できる報酬を得ることについて話をしたのだが、参加者の一人の女性が、どうすれば自分でもそれが実現できるのか、わからないと言ってきた。

「ドクター・ディマティーニ、私は自分が好きなことが何かわかってます。ダンスです。でも、それでどうやって食べていけばいいのかわかりません。誰が私のダンスにお金を払ってくれるというのでしょう?」

その女性は体格のいい、言い換えれば太った女性だったが、上品な印象を人に与える女性でもあった。私は、彼女に何らかのインスピレーションを与えられると思った。

なぜなら、彼女が「ダンスが大好きなんです」といったときの目の輝きを見て、彼女の最高の価値観を現実化する方法があると確信したからだ。

私は彼女に尋ねた。

「どうして誰も、あなたのダンスにお金を払ってくれないと思うのですか?」

彼女は肩をすくめて、「私の身体を見てください」と言って、ポーズを取った。

「絶対にプロのダンサーにはなれません」

要するに、自分はデブだからプロのダンサーとして食べていくことなど不可能だと、彼女は思っていたわけだ。

私は言った。

「でも、あなたの最高の価値観はダンスですよね？　だったら、なぜ、ダンスで食べていけないのか理由がわかりません」

彼女は、いたたまれない気持ちを押し殺すように言った。

「おっしゃることはわかります。でも、私はダンサーとしては年を取り過ぎているし、ダンサー体型でもないし、プロのダンサーになるなんて無理です」

「今日のセミナーであなたは、ダンスとともに旅行が最高の価値観であることを発見しましたよね。あなたはダンスが好きで、旅行も好きなんですよね？　だったら、ダンスに絡めた旅行のビジネスを立ち上げてみてはどうですか？」

「はあ……」

彼女はいまいちピンときてないようだった。

「ダンス好きの人を募集して、外国でダンスのレッスンを受けるツアーを組むんですよ」

それを聞いたときに、彼女はひらめいたようだった。

「素敵！　だったら、何人か集めて、スペインに行ってフラメンコを習うパッケージツアーなんかいいかも。私、フラメンコが得意なんです」

「それは、素晴らしい！」と私は言った。

「まずはあなたの町でラテンダンスの教室を開き、そこに集まった生徒にスペインに行ってフラメンコを習おうと提案してみたらどうですか。自分の好きなことを二つ同時に提案できるなんて最高でしょう？」

彼女はさっそく、そのプランを実行に移した。航空券からホテル、現地でのエンターテインメントまですべて自分でアレンジし、格安のパッケージツアーを企画した。

12人のフラメンコ好きが参加し、現地で彼女は自分のフラメンコダンスを初めて人前で披露した。参加者はみんな大喜びだった。4800ドルの利益が出た。

彼女のビジネスはそこからスタートした。

今では、彼女はまさに「ダンスで食べている」。ダンスで世界中を旅行し、自分の好きなことをしながら、他人の「好き」を手助けする。そんな仕事が実現した。人生の目的を見つけ、それを運命として生きる、完璧な事例である。

最高の価値観は、あなたが何を愛し、自分にとって最も大切なことは何かを教えてくれる。

そして、最高の価値観、あなたが最も大切にして愛するものが、あなたの人生の目的だ。その目的を追い求めることで、あなたの人生は光り輝く。

精神性（スピリチュアリティ）と価値観

よく誤解されるが、「精神性」あるいは「スピリチュアルであること」は、人の日常生活から切り離された別の世界のことではない。スピリチュアルな生活は週末だけのものではないし、教会やお寺や神社だけのものではない。

そうではなく、すべての日常生活、行動がスピリチュアルな表現なのだ。多くの宗教家やスピリチュアルリーダーが語っているように、神はあらゆるところに遍在する。であれば、あらゆる場所と活動がスピリチュアルであるはずだ。

しかし、社会的、宗教的な考え方に影響されて、多くの人は、この世にはスピリチュアルな人と、普通の人がいるように考えられている。

その結果、自分自身や自分と似た考えの人だけを意識の高いスピリチュアルな人間だと考え、そうでない人は意識が低いと考えるようになる。これは賢明なことではない。

私は誰もが等しくスピリチュアルな存在だと考えている。誰もが、自分の価値観の優先順位に従って独自の精神性を具現化しているのだから。

自分の最高の価値観を満たすことが人生の目的であり、それが運命であり、そして最も意味のあるスピリチュアルな道なのだ。

ケベック市で出会った女性は、人生の目的とインスピレーションを与えてくれる運命は「ダンス」だった。第1章で紹介した医師にとっては「癒やすこと」だった。

ある人にとってのスピリチュアルな行為とは、起業することかもしれないし、あるいは子どもを育てることかもしれない。
2、3年前のこと、私のセミナーに参加していたある女性が、次のように質問した。
「自分は精神性を追い求めているのに、夫はそんなものには目もくれず、物質的なことばかり求めています。私は彼をどう理解すればいいのでしょう？」

私は、

「あなたの彼に対する認識は、あなたの最高の価値観を彼に投影しているに過ぎません。あなたの夫は、あなたと同様、しっかりと精神性を備えているけれど、あなたがそのことを認識していないか、それが価値あるものだとわかってないだけです」

と答えた。

さらに私は、彼女にとって精神性とは何を意味するのかと尋ねてみた。彼女は、「瞑想やヨガ、お祈りやスピリチュアル系の本を読む、聖歌を歌うことなど」と答えた。

そこでは今度は、彼女の夫の仕事を具体的に聞いてみた。彼女の夫は、従業員が２００人いて、世界中に顧客がいる企業を経営していた。

私は彼女に言った

「あなたの夫は、世界中で何百万人の人たちの役に立ち、２００人の従業員に給料を払い、その子どもたちが学校に通えるようにし、従業員にも顧客にもインスピレーションを与えている。そして、雇用を生むことで社会に貢献し、国の経済成長にも貢献しているということですよね。それは、世界に対するスピリチュアルな奉仕の一つの形だと思いませんか？」

そして、彼女に「あなたは仕事をしているのか」と聞いた。彼女は、仕事はしていない。物質的なもののために働く気はないと答えた。

「ではあなたは、自分の最高の価値観に生きている夫はスピリチュアルではなく、自分の最高の価値観を生きているあなただけが、スピリチュアルだと言いたいのですか？

もし彼が、彼のやり方で精神性を具現化していなかったら、今のように職に就かず、収入を得ることもせず、ひたすら自分の精神性を求める生活をすることはできないのではないでしょうか？

あなたたち夫婦は、実は共にスピリチュアルであり、物質的な生き物でもある。あなたは、単に自分の最高の価値観で精神性と物質性を選り分けているに過ぎないのではないでしょうか？

彼もあなたと同じくらいスピリチュアルですよ。表現の方法が違うだけです」

ようやく彼女は、私の言っている意味がわかったようだった。大事なことは、自分の価値観を彼に投影せず、彼の最高の価値観をそのまま価値あるものとして受け止めることであると理解したのだ。

夫が熱心に仕事をして稼いでくれるおかげで、彼女はスピリチュアルなことに対して勉強をする時間を持つことができる。彼は、彼女が瞑想や勉強に励んでいるおかげで、彼女と一緒に暮らしていなければ知ることもなかった世界を知ることができた。

二人はお互いにそれぞれが「半分の仕事」をこなし、共同で全体として意義ある世界を作っていたのだ。二人は、完璧な相互補完的な関係だったと言える。

家族が発展していく形にはこのような相互補完的な正反対の特性が必要で、両方があって初めて一つの家族という愛の形を作り上げるのだ。

精神性を単に「瞑想」「信心」あるいは「宗教」といった狭義で捉えるのではなく、もっと広く自分の精神性を受け入れることの利点を考慮することを提案したい。

自分の最高の価値観を通して精神性を表現して欲しい。そうすればきっと運命を満足させることになるはずだ。

それから、あなたの心を真に動かすものも「スピリチュアル」であると捉えるといいだろう。この事例の女性にとってはヨガや瞑想がそれであり、夫にとってはそれがビジネスであったように。

運命を生きるメリット

仏教ではカルマ、つまり自分の行動と結果の因果関係について語られている。原因と結果の因果関係と言ってもよい。しかし、仏教にはもう一つ、ダルマという重要な概念もある。これは、人を達成と涅槃《ねはん》、あるいは個人的な解放に導いてくれる、賢明な、あるいは「正しい」行動のことを指す。ダルマとはある意味で、「目的」のことだと言えるかもしれない。だから、自分の最高の価値観を生きているとき、つまり、意味と目的を持って目的論的に生きているとき、人はカルマではなくダルマを生きていると言える。

私たちは目的を持って運命という道を進むドライバーで、将来の「原因」となるものを目の前に見据えて進んでいるのであって、過去を振り返りながら生きているわけではないということだ。

私たちは絶望ではなく、啓示とともに生きている。私たちは、不満ではなく満足とともに生きているのだ。これは、私たちが自分の最高の価値観を生きている、つまりバリュー・ファクターによって人生を構築した結果、得られたものだ。

価値観のパターンが人それぞれであるように、人は皆、独自の運命、独自の精神性を持ち、独自の最高の価値観に導かれている。人は皆、それぞれが独自のスピリチュアルな道のりを歩んでいる。

しかし、自分の最高の価値観を無視し、人生の目的を果たさないような生き方をしているとすれば、自分自身が粉々に砕け散り、満たされない思いで意味のない人生を生きることになる。

つまりそれは……、

人生は充足感のない、色あせたものになるだろう。

人生に感謝することはないだろう。

精神性が低下し、誰か他の人の精神性や価値観に左右されるだろう。

自分独自のスピリチュアルな道ではなく、

古い伝統に縛られて生きることになるだろう。

非現実的な幻想を抱き、妄想の中で生きていくことになるだろう。

人生のチャンスに気づかず、本来の目的から外れた人生を生きることになるだろう。
「痛みのない喜び」「試練のない支援」などといった幻想を追い求め、
大きなストレスを抱えて生きていくことになるだろう。
人生の喜びと痛みを、等しく受け止めることができないだろう。

一方で、自分の最高の価値観を生きているときは……、

あなたの心を動かすミッションが目覚める。
自分の精神性を認識する。
バランスの取れたサービスを提供できる。
スピリチュアルというものを、宗教的に判断するのではなく、
より普遍的な視点で見ることができるようになる。
自分と他人を愛し、尊敬できるようになる。
「こうあるべき」という視点ではなく、あるがままの姿で。

運命を見つけ、そこから収入を得る

人生の質は、自分に投げかける質問の質で決まる。40年以上にわたって、私は多くの人にこう問い続けてきた。ほとんど毎日だ。

ケベック市でクライアントの一人に尋ねた。

「あなたが心の底から好きでやりたいことは何ですか？　そして、それでどうやって満足のいく収入を得ますか？」と。

これは、自分に問いかける質問の中で最高のものだ。この問いに答えることで、仕事がバケーションに出かけるように楽しいものとなる。

この問いによって、自分の最高の価値観、本当に大切なものに基づく人生の目的を見つけることができ、心からワクワクする運命の道を歩き始めることができる。自分の最高の価値観が、人生の目的となり、目的が運命を決める。

だから、バリュー・ファクターが重要なのだ。自分が心から本当にやりたいことをしているときに、最もインスピレーションにあふれた道を歩んでいることがわかるのだ。

しかも、それはあなた一人ではない。あなたがやりたいことをするとき、そこには同じような価値観を持つ人たちが必ずいる。

あなたがやりたいことの先には、そのことで助けを必要としている人がいて、あなたは彼らを助けることで収入を得ることができるのだ。

これこそが、インスピレーションにあふれたサービスを提供することの秘訣なのだ。

もちろん、質の高いサービスでなければ、高い報酬は得られないだろう。しかし、自分が好きなことを誰かもやっていて、その手伝いをすることは、その誰かの最高の価値観を満たすと同時に、自分の最高の価値観を満たすことにもなる。

これが、あなたが提供できる最高のサービスだ。これ以上に満足できることは、他にはちょっとない。

だから、まずは自分の好きなことを見つけて欲しい。そして、好きなことで他人の役に立つ方法を考えよう。そして、満足のいく収入を得よう。それを容易に実現するために、こんな問いを用意した。

好きなことをして、満足できる収入を得るために、今日できる最も優先順位の高い7つの行動は何か？

これを自分に問い続け、答えを出し続けることができれば、少なくとも一つくらいは解決方法が見つかるだろう。私が好きなことを始めたのはまだ10代の頃で、今は世界中を旅して講演したり、本を書いて、満足な収入を得ている。

自分で言うのもなんだが、私は人生の成功者だ。自分の人生に満足しているし、自分の天命を生きている。自分の最高の価値観に従って、人生は輝いている。その意味での「成功」だ。

同じことがあなたにもできる。だから、しつこいくらいにバリュー・ファクターの重要性を伝えているのだ。

以下に掲げるのは、あなたが運命の道へと踏み出すために有効なエクササイズである。


【エクササイズ1】

どうすれば、好きなことをして満足のいく報酬を得ることができるだろうか？


最初のステップは以下の3つの質問を自分自身に問いかけることだ。

1　私が絶対的に好きなことは何か？
2　どうしたらそれをやって、満足のいく報酬がもらえるか？
3　その目的を達成するために、今日できる最も優先順位の高い7つの行動ステップは何か？

そして、以下の手順にそって進める。

【ステップ1】　自分が一番やりたいことは何か？

●インストラクション

自分が好きなことをすべてリストアップする。現実的かどうか、それで本当に収入が得られるかどうかは考える必要はない。純粋に好きなことをリストアップする。

たとえば、友達の悩みを聞く、パーティーを開く、クロゼットを整理する、友達に保険や投資のアドバイスをする、スポーツ観戦、ペットと遊ぶなど。日常生活の行動も含めて、何でもよい。

1

私がやりたいことは〇〇（〇〇をすることです）。この〇〇の部分をあげてみよう。

2

3

4

5

6

7

8

9

10

【ステップ2】　どうやって、そのやりたいことをして満足のいく報酬を得るか？

ステップ1であげたそれぞれのアクティビティについて、他人があなたにお金を払う方法をそれぞれ3つずつ考えてみよう。

それが本当にビジネスになるのかとか、そんな仕事があるのかなどと現実的なことは考える必要はない。自由に考えて欲しい。

たとえば「ペットと遊ぶのが好き」なら、犬の散歩サービス、ペットホテル、犬のデイケアサービスなど。
スポーツ観戦が好きなら、毎日のプロ野球の試合に対する自分の評価をブログで書くとか、ネットベースでバーチャルなプロリーグを作って遊ぶとか。
ここでの目的は、具体的なビジネスモデルの構築ではなく、好きなことをして報酬を得る道を心に描くことである。

【私がやりたいこと】

1

2

【収入を得るための可能性のあるビジネスや職業】

1

2

3

1

2

3

6 5 4 3

3 2 1 3 2 1 3 2 1 3 2 1

7

1

2

3

8

1

2

3

9

1

2

3

【ステップ3】可能性を探る

好きなことの中には「持続パワー」を持つものもある。来る日も来る日も、やってもやっても飽きがこない。毎日でも、一日中でもやっていたいと思うものだ。

ある時期、一時的にやりたいと思うこともある。しかし、それは持続的なパワーに欠ける。たとえば、夏のビーチは大好きだが、海で暮らしたいとは思わない（冬の海はまっぴらだ）。

旅行は好きだが、年中、世界を飛び回っていたいとまでは思わない。夕食後に自分の子どもと遊ぶのは好きだが、他人の子どもと一日中遊ぶのは嫌だ、などなど。

そこで次のステップでは、ステップ２で作成したリストを点検する。リストアップした活動を、フルタイムの仕事として想像してみる。24時間３６５日、仕事としてやっても好きだと言えそうな項目を５つ選ぶ。

現実性はまだ考える必要はない。それを仕事にして、本当に自分の心が満たされるか、そのことだけを問いかけながら考えてみて欲しい。

私が仕事にしたいビジネス・職業トップ5

1 ＿＿＿＿＿＿＿＿

2 ＿＿＿＿＿＿＿＿

3 ＿＿＿＿＿＿＿＿

4 ____________________

5 ____________________

【ステップ4】　優先順位の高い7つの行動ステップは何か？

ステップ3であげた、あなたが仕事にしたいビジネスや職業トップ5の中から、最も心が躍るものを選ぶ。そして、その目的に向かって今日あなたがとれる優先順位の高い7つの行動ステップは何か自分に問いかけてみる。

優先順位の高い7つの行動ステップ

1 ____________________

2 ____________________

3 ____________________

4 ____________________

5 ____________________

6
7

これで、あなたが最も仕事にしたいと思うビジネス、キャリアについての行動計画が完成した。この行動計画を見て心が躍らない場合は、ステップ3であげた項目から、2番目に順位が高い項目を選び、もう一度ステップ4をやってみる。

エキサイティングな気持ちになれるまで、これを続ける。起業家の中には、多種多様な事業を展開している人もいる。あなたのビジョンも一つである必要はない。

妄想からの解放

オーストラリアでセミナーを行なったときのことだ。終了後に一人の女性が話しかけてきた。

「ドクター・ディマティーニ。あなたのおっしゃることはよくわかります。でも、私は自分の目的が何なのかわかりません」

私は答えた。

「私はそう思いません。あなたの人生は自ずと、あなたの現在の人生の目的をはっきりと示しています。あなたの人生について教えてください。あなたがほとんど毎日、行なっていることは何ですか？　他人から指図されなくても自発的にやっていることは？」

「でも……」と彼女は言った。

「私にはキャリアとか天職とかミッションとか、先生が話したようなものは何もないのです。会社を経営しているわけでもないし、高校しか出ていません。毎日やっていることといえば、子どもの世話くらいなものです」

私は質問した。

「子どもの世話は好きですか？」

すると彼女は目を輝かせて答えた。

「はい。大好きです」

私は言った。

「だったら、それがあなたのミッションではないですか？　それが現在の目的では？　素敵な家族を作ることは、あなたの最高の価値観を満たしているのですよ。少なくとも、子どもたちが成長するまでは、あなたの心を満たしてくれる運命だといえるのでは」

彼女は泣き出した。

「そうなんです。それが私のやりたいことのすべてなんです。私はずっと素敵な家族を作ることを夢見てきて、実際にそうしています。でも、会社を経営したり、大学に行ったり、立派なキャリアを築くことに比べたら、たいした価値はないと思えるのです」

彼女の、この劣等感や、人生に対する不満は、自分の最高の価値観を他人の価値観と比較し、自分の人生に他人の価値観を取り込んで、自分自身を覆い隠していることから生まれたのだった。

そこで私は彼女に、こう伝えた。

「あなたを見ていると、世界のリーダーを育て上げることに自分の人生を捧げたローズ・ケネディ[*]を思い出しますよ」（＊ローズ・ケネディは、暗殺されたジョン・F・ケネディ元米大統領、およびロバート・ケネディ元米上院議員の母親）

「立派な家族を作ること。それが彼女、ローズ・ケネディのミッションだったのです。そして、あなたの家族が、あなたの最高の価値観です。あなたの人生はそれを実証しているのです。

もちろん、変えたければミッションを変えることもできますよ。でも、その場合は、あなたの最高の価値観も変えなければなりません。

それでもいいのですか？　あなたの毎日、あなたの運命は、今のあなたの最高の価値観が決定づけているのですよ」

彼女は、自分が選択してきたことや、これまで歩んできた人生の道のりが間違っていなかったと認識し、感動して立ち去っていった。

彼女のおかげで、私は多くの人に共通する幻想、誤解を思い出すことができた。多くの人は「ミッション」「目的」「価値観」を自分の外にあると思っている。両親や教師など誰かに強制され、動機付けされ、そうしろと言われてきた何かだ。

そして、自分が欲しいと思っているものは持っていないと信じ込み、「やらねばならないこと」ができていないと自分を責めている。

しかし、そうではないのだ。最高の価値観が行動を決定する。あなたがやるべきは、意識する、しないにかかわらず、本質的にやりたいと思っていることだ。私たちの行動はどれも、その人にとって最も重要なことを反映しているのだ。

もし、「本当は子どもと遊ぶことが大好きだが、仕事に行かないとクビになる」と言うなら、その言葉の真意は「仕事をして収入を得て家族を支えることが、子どもと遊ぶことより重要だ」ということだ。

もし、「今日の午後は本でも読んでのんびり過ごしたいけれど、両親の家に行って一緒にディナーをしなければならない」と言っているのなら、真意は「読書や自分のための時間より、両親や家族を喜ばせ、家族関係を良くすることを大切にしている」ということだ。

実際に行なっている行動が、本当に重要なことを明らかにしている。

だからこそ、満足のいく運命を生きるための最初のステップは、誤った認識から自分を解放することだ。実際に自分がやっていることを、正直に認めるのだ。

満足は後からついてくる

この世に、困難なき安息、試練なき支援はない。だから、あなたのミッションは時に、一見すると不愉快でストレスのたまる、あるいは一時的に不満が募るようなことを、あなたに強いることがあるだろう。

しかし、試練はあなたを早い段階で自立させ成長させてくれるものなので、蛇蝎《だかつ》のごとく嫌うのではなく、敬意を払うことが重要だ。

それにはどうすればいいのか？

あなたが義務感でやっていること、やりたくないけど、他の人に頼めず、どうしても自分でやらなければならない行動や経験をすべて、あなたの最高の価値観と結びつけるのだ。

最初は「満たされない」と思っていた行動が、実際には最高の価値観を満たすために役立つことがわかれば、そのことに対してもっとやる気が起きるだろう。

このようなものの見方ができるようになれば、「空しい行動」によって疲れた気分にさせられることもなく、いつも充実した人生が送れるようになる。

このことを深く理解するには、時間軸を広げて物事や現象を見る必要がある。

アメリカのフェニックスで行なわれた「ブレイクスルー・エクスペリエンス」セミナーの参加者であったヨルダンは、ウェイターとして働く自分の人生にストレスを感じていた。

ヨルダンは最高級レストランに勤め、チップのおかげでそこそこの生活を送っていたが、実はずっとウェブデザインを勉強したいと思っていた。

彼は、使いやすくて、高機能で信頼性の高い、洗練されたウェブサイトを作るウェブクリエーターとしての自分をいつも夢想していた。

自分のクリエイティブな能力を、優れたウェブ制作に活かすというアイデアは、彼を虜にしていたし、彼が作ったウェブサイトを役立てて、喜んでくれる多くの人たちのことを思うと、胸が熱くなるのだった。

そして、私のセミナーに触発されて、地元の公立大学に入学した。彼が望むようなウェブクリエーターになるには、大学の学位と高いスキルの習得が必要だったからだ。空想力だけでなく、現実的な行動力もヨルダンは持ち合わせていたのだ。

しかし、まもなく彼は、学位を取るためには自分の究極的な目的とは関係のない学科の単位を取らなければならないことに、強いストレスを感じるようになってきた。再び彼は、私のセミナーに参加して、質問してきた。

「ウェブクリエーターになるのに、なぜ英語や数学や歴史を勉強しなければならないんでしょうか。デザインやクリエイティブ関係の授業は楽しいし、勉強もやる気が出ますが、それ以外の授業はストレスでしかないんです」

このような場合の解決策は二つある。一つは、大学で取っている科目をすべて、自分の最高の価値観と究極の目的に結びつけること。

もう一つは、時間軸を広げて考え、卒業までに4年間あるのなら、4年後の目的を細かなステップに分けて、日々の行動にすることだ。

いずれにせよ、邪魔だ、障害だと思うことを、目標達成に向かう道にあるものと結びつけて考える。そして、目的達成のために必要なステップを、すぐに行動したり管理できる程度の小さなステップに細分化する。

そのための詳しい方法については、第7、8章でお伝えする。

不満が本当に意味すること

南アフリカでセミナーを開催したとき、成功している事業家の奥さんと話す機会があった。

「ドクター・ディマティーニ。先生の言うところのミッションや達成感の話は、とても素晴らしかったわ。

でも、一つだけ質問があるのです。どうすれば夫に、彼が達成感を感じられるような何かを見つけるべきだと、わからせることができるのでしょう？」

私は彼女の夫にも会ったことがあるが、南アフリカで最もやる気に満ちた、野心の強い企業家の一人だ。明らかに充実した人生を送っているように見える男性が、妻からこのように思われているとは意外だった。

私は言った。

「なぜ、彼が人生に満足していないと思うのですか？」

彼女はこう答えた。

「彼はいつも、何かにつけ不平ばかり言っているからです。長時間働くことに文句を言い、他の人たちが思うような仕事ができないと文句を言い、誰かに任せたいような仕事も自分でやらなければならないと文句を言い、部下の仕事が彼の要求水準を満たすのに時間がかかりすぎると愚痴る。結婚してこの方、彼の愚痴を聞かなかった日はなかったと思います。

彼はそういう性格の人だと思って納得していたのですが、ドクターの話を聞いて、彼が愚痴を言うのは満たされた人生を送っていないからであり、実は彼には、別に何か本当にやりたいことがあるのではないかと思ったんです」

私は首を横に振って彼女に言った。

「私は人の不平には、関心がありません。私が見るのは、彼らの取っている行動です。口でなんと言おうと、やってることのメリットが多ければ続けるし、デメリットのほうが多ければ続けないでしょう。人が何かの行動を取るとしたら、その行動をすることで自分の最高の価値観にメリットがあると思うからです」

頷く彼女を横目で見ながら、私は続けた。

「彼は時間をどう使っていますか？　彼の典型的な1日、1週間、1カ月、1年はどんな感じですか？」

彼女は答えた。

「夫は朝6時に起きて運動をして、ヘルシーな朝食を食べて、パソコンに向かいます。2、3時間ほど仕事した後でオフィスに行って、夜の8時か9時まで仕事をします。たまに、もっと遅くなることもあります。

週末はたいてい、最低でも1日6時間は自宅で仕事をしています。年に2週間は休暇を取ってもらうようにしていますが、会社の緊急時にはその休暇も取れないことがあります」

私は彼女に言った。

「あなたの夫が、最高の価値観を満たしているかどうかはわかりません。自分の運命を生きているのか、あるいは他の何かに突き動かされているのか。

たとえば、母親の価値観とか、父親に認めて欲しいとか。彼と話してみないと、本当のところはわかりません。

でも、彼が不平を口にすることとは、あまり関係がないと思いますよ。明らかに彼は、自分がやりたいことをやり、働きたいと思う分だけ一生懸命働いています。

彼が不平をいうのは、彼が不満に思っていることが、実際にはどのように彼の目標達成に役立つかわかってないからです。だから彼は愚痴るのです。あるいは、単に彼自身の行動や部下の仕事が、彼の求める水準に達していないだけかもしれません」

すると彼女は、こう返してきた。

「そうですか。ともかく私は、うんざりしているんです。夫の不平を聞くことにも、夫婦の会話がなかなかできないことにも、滅多に一緒に休暇旅行ができないことにも！」

なるほど、と私は彼女に返した。

「あなたが夫について文句をいうことは、彼が仕事について不平をいうのと同じくらい些細なことなんですよ。あなたは文句をいいながら、それでも夫と一緒に暮らしている。彼の元を離れず、離婚もしていない。あなたは、自分の結婚に対して、不満よりもメリットのほうが多いと感じている。そうでなければ、とっくに別れているでしょう？」

このように、人は時として、それが自分自身の行動であれ、他人の行動であれ、ある行動が自分にとってどのような役に立っているかがわからず、そのことに対して文句をいう場合がある。現実に起こっていることを、他人に押しつけられた価値観や社会的理想主義が生み出した幻想と比較しているときは特にそうだ。

また人は、他の選択肢を知らないか、想像できないために、あまり充実感のない選択肢を選んでしまうことがある。

たとえば、痩せたいと言いながら、ダイエットできずにいる女性がいる。それはなぜか？

おそらく、子どもの頃、母親は彼女に、子どものタレントが着るような小洒落た服を着せたがっていたのかもしれない。そして、それは彼女の好みやセンスに合わなかったのだろう。

太ってしまえば、そんな服は似合うこともない。それで彼女は太ることにした。

あるいは、中高生の頃、男子にけっこう注目されていて同級生や先輩から言い寄られ、どうしようか迷ったあげく、求められるままに性的関係を結んでしまった。

その記憶が忌まわしくて太ったのかもしれない。デブになったら男は誰も言い寄ってこないと考えたからだ。

あるいは、スマートな体型だった頃、職場や取引先で「仕事より遊びやファッションに関心が高い女」として軽く見られたのかもしれない。

または、母親か姉妹か女友達の中に痩せた美人がいて、そのせいでストーカー被害に遭ったり、周囲の女性から嫉妬をかい、いじめ被害に遭ったりするのを目の当たりにして、あんな被害には絶対に遭いたくないと思ったのかもしれない。

このように、スタイルが良いことで怖いことや嫌なことを呼び寄せてしまうと無意識に思っているのだ。このことに気づかない限り、その女性は自分の最高の価値観、たとえば、自立、自尊心、性的な自律性、あるいはキャリアを、「食べ過ぎること」で達成しようとしてしまう。太っていれば、自立できると考えているからだ。男の言いなりではないセックスができる。そのように思い込んでしまうのだ。こうした理由で、彼女が食べ過ぎ「なければならない」と考えていることに、自分自身が気がついてないとしてもだ。

このような無意識の恐れ、スマートな体型が原因となって起きると思っている悪い連想に気がつけば、彼女は他の方法で最高の価値観を自由に追求できるようになる。そして、食べたい、食べなければという衝動を打ち消すことができる。
もし、あなたが自分自身の仕事環境や家族関係について、不平ばかり言っていると思うなら、次のようにするとよいだろう。

言葉ではなく行動を見る。
可能な選択肢をすべて考えてみる。
現在の選択肢ではなく、可能性のある全く別の代替案を検討する。

もし、今の環境にとどまると決めたら、その環境と自分の最高の価値観を結びつける方法を考えてみよう。
エクササイズ2がその演習だ。

【エクササイズ2】自分をイライラさせる何かをどのように考え直したらいいか？

何か、イライラすることがあるのに、何も対処していないとすれば、行動を変えるか、イライラの原因や状況を自分の最高の価値観に結びつけるか、どちらにするか検討する。

【ステップ1】　私をイライラさせるものは何か?

●インストラクション

現在あなたをイライラさせているものをすべてリストアップする。それらの問題に「正当な理由」があるかないかは考えない。単純にイライラさせられるものをリストアップする。

私がイライラするのは……

イライラするもののリストアップが終わったら、その中から最もイライラすることを3つ選んで★印をつける。

【ステップ2】　別の可能性を考える

イライラするもののトップ3のそれぞれについて、実行可能で代替できる活動を6つ考えてみる。

現実的に選択できるかどうかは考えない。子どもがいなかったらできるけど、いるからできない、とは考えないということだ。もし、子どもがいなかったらそれは選択可能なアイデアだからだ。

たとえば、いつも急に電話してきては会いに来いとか、世話をしろとか気まぐれな要求をしてくる年老いた両親がいて、そのことがイライラの原因なら、考えられる代替案は、

1　両親と会って、急に指図をされるとイライラすることを正直に話し、両親と一緒に解決の道を探す。

2　親の世話をしてくれる介護サービスなどを申し込む（そのために必要なら副業をしたり、残業したりすること）。

3　実家に帰って世話をしたり、親子の会話を楽しんだりするための、合理的で定期的なスケジュールを組み、それ以外の急な呼び出しには応じないと決める。

4　呼び出し頻度を決める。たとえば、2週間に一度とか。

5　とにかく、呼び出しがあっても自分の都合を優先させると決意する。

6　自分の代わりに妻に行ってもらうようにする。

中には意に沿わない選択肢もあるだろう。親を切り捨てるような選択肢は、心情的に選びにくいし、6番目の選択肢など怖くて妻に言い出せないかもしれない。しかし、両親に対してイライラがずっと続くより、可能な選択肢を選ぶことのほうが重要だ。

【ステップ3】　実行可能な選択肢を選ぶあるいは却下する

ステップ2で考えた代替案のいずれかが、自分で納得できるかどうかを考える。納得できたら、その選択肢を実行に移すために、今日実行可能な優先順位の高い7つのステップをリストアップする。納得できるものがなかったら、ステップ4にいく。

1 ＿＿＿＿＿＿＿＿＿＿

2 ＿＿＿＿＿＿＿＿＿＿

3 ＿＿＿＿＿＿＿＿＿＿

4 ＿＿＿＿＿＿＿＿＿＿

5 ＿＿＿＿＿＿＿＿＿＿

6 ＿＿＿＿＿＿＿＿＿＿

7 ＿＿＿＿＿＿＿＿＿＿

【ステップ4】　状況をあなたの最高の価値観と結びつける

現在の状況とその経験は、あなたの最高の価値観をどのように満たすか、10個リストアップする。

1

2

3

4

5

6

7

8

9

10

現実的で実行可能な代替案がなかったら、繰り返し自分に問いかけることが大事だ。

「今の状況が、自分の最高の価値観を達成するために、具体的にどのように役に立つのか？」

この方法で繰り返し、現状の試練と自分にとっての利益を結びつけることで、あなたのイライラはかなり軽減されるだろう。

第5章

愛を深める

愛あるところに人生がある。

——マハトマ・ガンジー

人間関係を強めるメソッド

バリュー・ファクターが、特に強力に作用するのは人間関係においてである。もし、より深く、より豊かで、より意味のある人間関係を求めているなら、バリュー・ファクターをぜひ活用して欲しい。

バリュー・ファクターは、結婚相手や新しい恋人を探している、今の結婚生活を生き生きとさせたい、豊かな友情を築きたい、同僚や共同経営者、あるいは顧客との関係を強めたいといった人間関係の課題に大いに役立つメソッドだからだ。

誰が相手であれ、自分の最高の価値観を知り、相手の最高の価値観に気づくことが、人間関係を充実させる最初の一歩となる。

バリュー・ファクターを理解すると、大切な相手の最高の価値観の視点に立って、自分自身の最高の価値観を伝えることができる。

自分の最高の価値観と、相手の最高の価値観がリンクしていることが相互に伝われば、その関係は充実し、成長し、強固なものになる。さらに、この方法で関係を築けば、あなた自身の成長能力は飛躍的に高まる。

この成長のステップには段階があり、最初は相手の最高の価値観を真に理解できる段階だ。これは単に相手の価値観に我慢したり受け入れるのでも、その価値観の犠牲になるのでもない。「忍耐」とか「寛容」「犠牲」は、相手の価値観や特性が、自分にとって不愉快か、少なくとも重要でないことを示唆している。

しかし、優しいあなたは、その特性を嫌々ながらも容認しているということだ。

結婚相手や仕事仲間などのパートナーに自分が望むこと、そして、パートナーが自分に望んでいることは、そうした忍耐や、不承不承の寛容でもなければ、犠牲でもない。

それは自分のことをあるがままに心を開いて理解し、感謝してくれることだ。

このお互いの持つ誠意ある感謝によって、素晴らしい関係が生まれ、その結果、お互いの関係性も、そしてそれぞれの人生も充実したものになる。相手をあるがままに受け入れ感謝することは、関係構築の最も強力なツールなのである。

次は、相手の最高の価値観の視点からコミュニケーションをとるために、自分と相手の最高の価値観を完全に理解する必要が求められる段階。

どんな相手であれ、人間関係とは、自分たちの最高の価値観を理解させ、明確にし、明言し、自分が何者であるかに気づかせてくれるものなのだ。

最後は、相手を完全に理解し、より深く本質的に関わるようになり、称賛や不快に感じる相手の特性が、実は自分の中にもあることを、徐々に、しかし、確実に知るようになる段階。

実は、人は自分自身に抱く称賛や嫌悪を、他の誰かに投影している。

他人のことを「彼の決断力は素晴らしい。自分はあんなふうにはできない」とか「彼女の感情的で非合理的なところが嫌だ。私はいつでも論理的で合理的だ」と言っている人は、決断力や感情的などの特性が自分の中にもあることに気づいていないことが多い。

真実は、人は誰もが決断力や感情的で非合理的な特性を持つということだ。

さらに言えば、長所だと思っていることにも欠点がある、逆に短所だと思っていることにも利点があることに気づいていない。

自分が持つ特性をすべて理解し、それぞれの利点と欠点を同時に見ることは、自分の成長や他人とのコミュニケーションにおいて、非常に重要なことである。人間関係は、そのことに気づかせてくれるかけがえのないものなのだ。

人間関係がより緊密、より親密になればなるほど、自分がより成長する可能性が高まる。夫婦関係や親子関係においては、相手の最高の特性と最低の特性を認識する可能性が特に高いため、その特性に対して強烈に感情的な反応を示す可能性が高い。

恋人や結婚相手、子どもたちに対して、自分が「最高」と思う特性を投影しては思い上がり（最高の価値観に対する支援だと捉える）、逆に「最低」だと思う特性を投影しては、怒り、傷つき、イライラする（最高の価値観に対する試練だと捉える）。

親密な関係性は、相手の「最高の特性」と「最低の特性」が、実は自分の中にあることを気づかせてくれる。その関係性がさらに深まると、長所には欠点が、短所には利点があることを知らせてくれる機会が次々とやってくる。

そして、やがては善し悪しといった解釈を超えて、物事の真実を理解するようになる。

より深い理解への到達は、時として苦難の道だが、得られる利益は大きい。人は愚かにも「良い」とか「悪い」とかのレッテルを貼るが、どのような特性にも両面あり、最終的には良いも悪いもないことを知る。そうして賢くなる。

結局、人が持つすべての特性は必ず何らかの目的を持ち、人の役に立っている。そうでなければ、人間の特性というものは、とっくの昔になくなっていたはずだ。

宇宙は常にバランスで成り立っているため、称賛するような特性は、軽蔑するような特性とセットになっており、同様に、軽蔑する特性も称賛する特性とセットになっている。

たとえば、誰かのことを非常に知的だと称賛するとしよう。しかし、その人のことをもっとよく知るようになると、その人が理屈っぽく、権威主義で、独善的で、知ったかぶりだということに気づく。

あるいは、身支度にやたらと時間がかかる相手に対し、イライラして、嫌いだと思っていたとしても、実はそれは、相手がとてもオシャレでセンスが良く、自分を魅力的に見せることに長けているという側面を持っていることになる。

このように一つの側面は別の側面を持つ。一方だけの側面しかないといったことはありえない。こうした両方の側面を受け入れることは、無条件の愛となる。

良い悪いといった評価を超えたところに、無条件の愛を体験するという大きなメリットを得ることができるのだ。

人生はこうした教訓を学べる、多くの示唆に富んでいる。その中でも、人間関係以上に、そうした示唆を学ぶ場はないと言ってよい。そして、バリュー・ファクターは、どんな相手とも、充実した人間関係を築く最高のメソッドである。

人間関係の3つのタイプ

人間関係を構築するには、主に3つの方法があるが、それぞれは全く異なる結果を生み出す。同じ単語を使っているが、実は天と地ほどかけ離れている。その3つとは、「気にかけない（careless）」「気にする（careful）」「気遣う（caring）」関係である。

「気にかけない」関係とは、相手の価値観を尊重したり、配慮することなく、自分の最高の価値観を相手に投影し、その価値観で相手を判断するものだ。

他人が自分の最高の価値観に従うことを期待し、それが正しいことだと考え、その人間と衝突したときは（衝突は避けられないが）、相手の価値観が間違っているか、少なくとも自分の価値観より価値がないと考える。

これは明らかに、心を傷つけられたり、裏切りや搾取、虐待などありとあらゆる試練につながる。

「気にする」関係とは、自分ではなく、家族など近しい人の最高の価値観という観点から物事を捉えるときに発生する。この場合は、相手の価値観が自分を支援してくれることに、過度に敏感になり、自分の最高の価値観を矮小化《わいしょう》し、軽視してしまうのだ。

この関係は、相手にびくびくしている状態だ。そして、自傷行為や自己搾取、いわゆるうつ病といった多くの問題が生じる。

皮肉なことだが、「気にかけない」関係と、「気にする」関係は、どちらも他人か自分のいずれかを無視する関係だ。

気にかけない関係では、自分のことしか考えず、気にする関係では相手のことしか考えない。いずれも、真に相手と交流していることにはならない。

相手にびくびくする関係は、単に相手とのトラブルを避けて、平和を維持しているだけであり、お互いを知ることも、お互いを満たすこともなく、本当の親密さや交流を達成することもない。

3つ目の関係は「気遣う」関係で、相手の最高の価値観の観点から、自分の最高の価値観を伝えるような関係だ。

この関係では、お互いが積極的に相手との交流を持つ。それぞれが自分だけでなく相手のことを考え、自分への愛と相手への愛を両方、表現する。

以前、夫が家を空けることが多く、それに不満を抱いていた女性のカウンセリングをしたことがある。夫は仕事の都合で長期間出張することが多かった。

ただし、彼女が不満を抱いていたのは度重なる出張ではなく、夫がいつも彼女以外のことに気を取られていることに対してだった。

特に夫が自宅にいるときに、彼女の話に上の空で怒りっぽく、疲れた態度でいることが、どうにも不満だった。

そこで私は彼女に「なぜ彼が、それほどまで仕事に時間とエネルギーを費やすのかわかりますか？」と聞いた。

彼女は「彼は仕事のことしか考えない人なんです。彼が私のために時間を作ってくれたことはありません」と答えた。

私はさらに「なるほど。でも、あなたはなぜ、彼にとって仕事がそんなに重要なのか知っていますか？　彼は仕事を通して、どんな価値観を表現しているのでしょう？」と聞いてみた。

彼女はわからないと答えた。そして、夫とそのことについて話し合ってみると言った。私は彼のことをけっして批判したり、あれこれ要求したりするのではなく、仕事が彼のどのような価値観を満たしているのか、そのことを理解することが重要だと念を押した。

驚くべきことに、彼の最高の価値観は家族を養うことだった。仕事ではなかったのだ。さらに驚いたことに、彼が仕事に熱心な理由は、少し前に彼女と、2、3年のうちに子どもを作ろうという話をしたからであった。

つまり彼は、家族を養うために経済的な準備に精出していたというわけだ。しかし、彼女は彼のやり方や考え方が、良い家庭を作ることにつながるとは思えなかった。激務をこなし、経済的に安定させることが、良き夫、良き父親になることだとは思えなかったのだ。

彼女は、夫とのコミュニケーションに非常に高い価値を置いており、最近のさまざまな出来事を彼に話すことができなかったことにイライラしていた。「話を聞いて」「会話がしたい」と彼女が訴えても、彼は聞いてくれなかった。

しかし、夫の最高の価値観を彼女が理解できれば、今までとは違う方法でコミュニケーションできたはずだ。たとえばこんなふうに。

「あなた、私はあなたが仕事で成功していることがうれしいし、養ってくれていることに感謝してるわ。

本当に、あなたの献身的な仕事ぶりが、どんなに私を救ってくれているか、素晴らしいことをする機会を与えてくれているか知って欲しいの。それから、最近の私の活動についても知っておいて欲しい。

そのことについて、あなたの意見やアドバイスも欲しいわ。いつだったら時間をもらえるかしら？」

彼女の「夫婦間の会話」という価値観を、夫の「仕事を通して家族を養う」という価値観を通じて表現することで、どちらの最高の価値観も矮小化したり軽視することなく、二人は望むものを手に入れることができた。

彼女は、夫のハードワークが、彼なりのコミュニケーション表現法だと理解することができた。夫の数多い出張は、夫婦関係を軽んじているのではなく、むしろ愛情表現だと考えることができるようになった。

こうして彼女が夫の仕事ぶりに感謝することで、夫は自分が理解されていると感じるようになった。そして、自分も妻のことをもっと理解しようという気持ちになったのだった。

他にも仕事から帰宅した夫が、自分だけソファでくつろいでいることも、彼女の不満だった。彼は一人で静かにしていたかったのだが、夫との会話に高い価値観を持つ彼女には、それが不満だったのだ。

しかし、夫の最高の価値観を理解した彼女は、帰宅後の夫に静かな時間を与えることは、夫婦の会話をすること以上のコミュニケーション手段だと思えるようになった。

彼に静かな時間を与えることで、彼女のコミュニケーションに対する欲求は満たされるようになった。

すると彼は、静かな時間をもらえたことで、彼女と夜遅くまで会話するようになった。

多くの人は、「愛し合っていれば何でも受け入れられる」から、愛に試練や対立はないという幻想を信じて育っている。

その幻想が、相手との関係において混乱やイライラ、不満を生じさせる。場合によっては、「裏切り」や「攻撃」という名の錯覚さえ起こされることがある。

しかし、何事にも成長と発展には試練と支援が必要だ。だから、法律からビジネス、人間関係にいたるまで、生活のあらゆる分野で、この相互補完的な関係を理解することが重要となる。

そのためにも、自分の最高の価値観を相手の最高の価値観の観点から伝えることが大事なのだが、人は相手に対して幻想を持ってしまいがちで、それがコミュニケーションの失敗を生む。

よくあるケースだが、自分の最高の価値観を支援してくれると感じた人と出会い、その相手と交際を始めたとしよう。ある日、相手が「今月、少しお金が足りないんだ」と言ったので、安易にお金を貸してしまった。

しかし、いつまでたっても相手は借りた金を返そうとしないし、返すとも言わない。その一方で、相手が高級レストランで食事をしたり、高価なブランド品を買ったりするのを目にする。

あなたはムカッときて、ケンカになる。あなたの価値観では、お金は生活を営むためのものであり、貸したお金は、すぐに返してもらえるはずのものだ。

でも、相手の価値観では、お金は贅沢な生活を楽しむためのものであり、借金とは自分の都合で返せばよいものだった。

二人は、それぞれの最高の価値観を伝え合っていなかったせいで、違った価値観を持っていることがわからず、その違いが理解できていなかったのだ。

相手が自分と真逆の価値観を持っているとわかっていたら、あなたの行動も違うものになっていたはずだ。

お金を貸して欲しいと言われても、相手がお金にルーズな価値観を持っているとわかっていたら、たとえ貸したとしても「保険」をかけるはずだ。

あなたのお金に対するルールをより厳格にして、あなたが何を望み、期待しているかを相手に伝え、あなたのルールを理解させるはずだ。

人は、自分の価値観が試練に遭遇しているとわかっているとき、より厳格なルールを設定する。

だから、最愛の友人やパートナーが、何かで自分とは大きく異なる価値観を持っているとわかっていたら、あるいは彼らの行動が自分の最高の価値観に試練を与えるとわかっていたら、彼らに対してより明確なルールと境界線を設定するだろう。

このような対応は、「完全に支援し合う」関係などという「幻想」とは相いれないものだろうが、実生活では役に立つものだ。

ルールと距離感が、頭を冷やし、相手の最高の価値観を理解し、それを満たすにはどうすれば良いかを考える時間を作ってくれる。

たとえば、お金に対する価値観の全く違う相手との関係を続けるとする。その場合、交際の早い段階で、お金についての境界線とルールを設定する必要があるかもしれない。

別々の銀行口座を設け、厳格なルールと貸借についての条件を基に一部のお金を共同のものとするといった具合だ。

お金についてお互いの考え方が違うとき、いろいろとストレスを感じるものだ。だからこそこうしたルールや条件をあらかじめ設定しておくことで、安心して自分の価値観に生きることができる。

あなたはお金を貯蓄し、賢く使うことができ、相手は贅沢を楽しむことができる。あなたは相手のことをお金に無頓着と感じ、相手はあなたのことをケチだと思うかもしれない。

しかし、このルールと境界線によって、そうした二人の間の試練をどう乗り切るか、考える時間と余裕が生まれるわけだ。

最終的には、二人の関係がより親密になることで、お互いのことをよく理解できるようになる。相手にお金を貸せば、それが戻ってこないことを理解していたとしても、相手に自分の価値観に従うことを求めなくなる。

そして、「浪費」や「軽はずみな消費行動」にも、「自発的」「オシャレな生活感覚」「未経験のことに対してオープンである」といったプラスの側面があることを理解し、感謝できるようになるかもしれない。

同じように、相手も、金銭感覚があなたにとっていかに重要かを理解し、少なくともあなたが嫌がるようなお金の使い方をしないようになるかもしれない。

たとえば、共同で管理する銀行口座を作ったとしたら、相手は自分の口座はデタラメでも、共同口座のお金の出し入れ明細や、その口座から引き出したお金で買ったものに関する領収書の整理はキッチリするようになるかもしれない。

二人が「こうあるべき」「こうでなければならない」という考え方から行動するのではなく、お互いの最高の価値観を理解して、コミュニケーションする。それが「気遣う関係」の秘訣である。

人は、パートナーが自分の最高の価値観を完全に共有し、必要なときはいつでも支えてくれると思いがちだ。

しかし、この世に全く同じ人間は、二人も必要ではない。人間関係の目的は１００％の支援関係ではない。

自分の中にある、自分が認めたくないような部分について好きになれるようになるためなのだ。真に充実した人間関係は、支援と試練の崇高なバランスを現す。

相手の最高の価値観を知り、相手との類似点や相違点を理解する方法を学ぶことが、「気遣う関係」には重要なのだ。

充実した人間関係の秘訣は、自分の最高の価値観というフィルターを通して「愛」を表現することを忘れないことだ。

パートナー、家族、友人などが愛情を示すときは、こちらの価値観ではなく、彼らの最高の価値観を通してそれを表現する。だからこそ、時に私たちは、彼らの自分に対しての愛を認識することができなかったりするのだ。

たとえば、教育に高い価値観を持つ父親は、子どもに「良書」を買い与えることで、自分の愛情を表現するだろう。

しかし、子どもは本よりも、コンピュータゲームのほうが好きかもしれない。父親は子どもの価値観ではなく、自分の価値観で愛を伝えてしまったわけだ。この場合でも愛は本物だ。ただ、子どもはそのことを完全に理解できないかもしれない。

同様に、美しさに価値観を持つ母親は、自分の娘や息子がより魅力的に見えるようにしたがるだろう。髪型や着る服も全部自分で選ぶ。仕草についてもやかましいぐらい口を出す。

子どもたちはこれを母の愛とは受け取らず、コントロールされている、小言ばかり言われる、自分の好みや考えを軽視されていると捉えるかもしれない。しかし、この場合も、母親は彼女の最高の価値観で愛情を表現しているだけなのだ。

親は子どもたち自身の最高の価値観という観点から、自分たちが最も価値を置くものを伝えるスキルを身につけることができれば、家族の新しいコミュニケーションの形が生まれる。

親と子は、それぞれが相手の価値観を理解するようになり、より親密な親子関係が築ける。この充実した関係性のポイントとなるのが、バリュー・ファクターだ。これによって、自分にとって大切な人たちの価値観を理解し、受け入れ、尊重することができるようになり、相手の価値観という観点からコミュニケーションできるようになる。

相手の愛情表現を理解し、受け入れることができるようになる。自分が愛されていることを理解できるようになる。それは、自分と相手を満たし、感謝と称賛で満たされた、最も充実した関係性なのだ。

以下のエクササイズは、お互いを気遣う形でコミュニケーションできるようになるために役立つものだ。家族、友人、仕事上のパートナー、その他、自分が関係性を高めたいと思う相手に活用できる。

【エクササイズ1】パートナーと価値観についてコミュニケーションする

このエクササイズは、私が知る限り最も強力なものの一つである。2、3時間かかるかもしれないが、その価値はある。一生涯使える相手を気遣うコミュニケーション法だからだ。

あなたの最高の価値観と、相手の最高の価値観をリンクし、そのリンク数が多ければ多いほど、自分が相手のために何をしているのか、相手が自分のために何をしてくれているか、理解できるようになる。

覚えておいて欲しい。誰もが本当の自分をありのまま理解されたいと思うものだということを。

自分と相手の価値観、両方を平等に尊重し、相手にとって大切なことが自分にとっても大切であるように相手とコミュニケーションできるなら、あなたは相手との付き合いの中で成長し、お互いを深く理解し、愛し合うことができるようになるだろう。これが、長期にわたって充実した関係を作る秘訣である。

●インストラクション

1　自分と相手、それぞれが自分の価値観のリストを再試行する。そして、トップ３の価値観を特定。それらが現在の人生に表れている価値観であることを確認すること。

2　お互いに「私の第1位の価値観に生きることが、あなたの上位３つの価値観を満たすためにどう役立っていますか?」と尋ね合う。この質問についてお互いに最低50回答えること。

3　次に「私の第2位の価値観に生きることが、あなたの上位３つの価値観を満たすためにどう役立っていますか?」と質問する。この質問についてお互いに最低50回答えること。

4　同様に、「私の第3位の価値観に生きることが、あなたの上位３つの価値観を満たすためにどう役立っていますか?」と質問する。この質問についてお互いに最低50回答えること。

5　今度は「相手の第1位の価値観に生きることが、自分の上位3つの価値観を満たす上で、どのように役に立っていますか?」と質問する。この質問についてお互いに最低50回答えること。

6　同様に「相手の第2位の価値観に生きることが、自分の上位3つの価値観を満たす上で、どのように役に立っていますか?」と質問する。この質問についてお互いに最低50回答えること。

7　同様に「相手の第3位の価値観に生きることが、自分の上位3つの価値観を満たす上で、どのように役に立っていますか?」と質問する。この質問についてお互いに最低50回答えること。

これらのエクササイズは3カ月ごとに更新して、コミュニケーションを新鮮なものに保つこと。

●バリュー・ファクターが人間関係にもたらす効果

自分や相手の最高の価値観を知らないと……、

・その相手との人間関係は不安定になる。
・自分自身または相手に対して非現実的な期待をしやすくなる。
・大切な人たちとのコミュニケーションが困難になりやすくなる。
・自分自身を矮小化したり誇張しやすくなる。
・特定の人物もしくは関係性に依存したり、妄信しやすくなる。あるいは、完全に孤独、または孤立さえするかもしれない。
・他人に振り回されるか、いじめられやすくなる。あるいは、あなたが他人を振り回し、いじめる側に回るかもしれない。
・自分が本当にやりたいことができずに終わる可能性が高い。
・大切な人たちとの人間関係が怒りやフラストレーションに陥りやすくなる。
・気遣う関係ではなく、気にかけない、気にする関係になりやすくなる。
・家庭ではリーダーではなくフォロワーの立場になりやすくなる。

・自分の内なるリーダーシップに目覚めるのではなく、他人と比較したり、誰かを羨んだりしがち。

自分や他人の最高の価値観を理解することができると……、

・支援と試練のバランスをもたらすパートナーを賢く選ぶことができる。
・幻想を追い求めるのではなく、大切なパートナーを現実的なアプローチで賢明に選ぶことができる。
・相手の最高の価値を理解し受け入れることにより、より効果的にコミュニケーションがとれる。
・他者との人間関係に、現実的な期待や基準を持つようになる。
・真の信頼と意味深いコミュニケーションを理解し合った中で、性的な親密さを目覚めさせたり、再び目覚めさせることができる。
・自分とパートナー、そして子どもの最高の価値観を理解した上で、子育てをすることができる。
・それぞれが異なる価値観を持つメンバーで構成される家族の中で働く力学を、上手に管理することができる。

幻想は忘れ、現実に生きよう！

私たちの誰もが人間関係についてさまざまな幻想を抱いて育ってきた。私たちは、自分に試練を与えることなく、自分の成長をサポートしてくれる「完璧なソウルメイト」をいつか見つけることができると思い込んでいる。

それから、争いのない衝突から無縁の天国のような家庭を築くことができると信じている。また、けっして落胆させられることなく、常に同じ方向性を向いて一緒に取り組める友人を得ることができると信じてもいる。

もし、今の人間関係が、自分の最高の価値観に重大な試練となっているとしたら、どうやったら充実感を感じ、ワクワクするような思いを持てるだろうか？

そのための秘訣は、プラスの出来事の中にマイナス面を見つけ、マイナスの出来事の中にプラス面を見つけるといったバランスを見いだすことにある。

【エクササイズ2】幻想や憤りから自分自身を解放する

幻想や心酔、憤激といったものが、自分のビジョンを妨げているとしたら、今の人間関係に心を開くことは難しい。このエクササイズで、精神的負担を解放しよう。そうすれば、すべての人間関係に感謝できるだろう。

●インストラクション

かつて心酔した人物や、今も夢中になっている人物について、自分が称賛している特性、最も夢中になっている特性を5つ、リストアップする。これらは、自分の最高の価値観を大きく支えていると思っている特性だ。

そして、それらの特性の下に、その特性の隠れた欠点を、少なくとも5つ、リストアップする。それが、幻想や心酔から目覚める一助となる。

【夢中になっている特性】

1

2

3

【それぞれの特性の隠れたデメリット】

1
2
3
4
5

1
2
3
4
5

1
2

5 4

5 4 3 2 1 5 4 3 2 1 5 4 3

今までに、強い怒りを覚えたり、失望させられた人物のことを考える。特に、夫婦、友人、家族、同僚とのあるべき関係についての考え方に、大きな影響を与えた人物について考える。

次に最も軽蔑する、または憤激している人物の特性を5つリストアップする。これらは、自分の最高の価値観の試練となる特性だ。また、その5つの憤激すべき特性の下に、隠れた利点をそれぞれ5つずつリストアップする。これが、憤激を落ち着かせる一助となる特性だ。

【怒りを覚える特性】

1

【それぞれの特性の隠れたメリット】

1 ＿＿＿＿
2 ＿＿＿＿
3 ＿＿＿＿
4 ＿＿＿＿
5 ＿＿＿＿

4 3 2

4 3 2 1 5 4 3 2 1 5 4 3 2 1

5

5 ＿＿＿＿＿＿＿＿

1 ＿＿＿＿＿＿＿＿

2 ＿＿＿＿＿＿＿＿

3 ＿＿＿＿＿＿＿＿

4 ＿＿＿＿＿＿＿＿

5 ＿＿＿＿＿＿＿＿

感情的な負担を取り除き、人生により力を与える方法についての詳細を知りたい場合は、「ブレイクスルー・エクスペリエンス」セミナーに参加して、ディマティーニの法則を学んでみることをお勧めする。詳細は http://www.japandma.com

コミュニケーションの極意を学ぶ

誰かと親密な関係になると、人は二つの異なる価値観を持つことになる。自分の価値観と相手の価値観だ。その結果として、お互いが喜ぶこともあれば、不快になることもある。

二人の異なる人間が、充実した関係を築くにはどうすればいいか。一つには、コミュニケーションの極意の習得がある。相手の最高の価値観の観点から、自分が何に最も高い価値観を置いているか、伝える方法を学ぶことだ。

今は亡き妻との間で私が経験した、実際のプロセスをご紹介しよう。妻は、ニューヨークにあるル・シルクのような高級レストランで食事することが好きだった。おまけに、他のカップルを招待して、一緒に食事を楽しむことが好きだった。

私はといえば、口に合わない濃い料理を食べさせられ、刺激のない会話に付き合わされ、自分は全くお酒を飲んでいないのに、同席した人間が飲み過ぎて大声で話し、他の客に迷惑をかける様を見せつけられていた。とうとう我慢できなくなって、私は彼女に訴えた。

「毎日、高価で高級な食事をしたり飲んだりすることは、僕の最も高い価値観を満たすことじゃないんだ。僕は食べるために生きているのではなく、生きるために食べている。ほどほどの量で、もっと手早く食事をしたい。

お金を稼ぐためにハードワークをしているけれど、そのお金は、もっと意味のある活動を続けるためや、経験を積むために使いたいんだ。食事とワインに一晩で数千ドルも使っても、楽しくもなんともない。

そういうライフスタイルは、僕の価値観には合わない」

妻は私の話を聞きながら頷いた。妻が私の話に深く集中して、注意を傾けてくれたことに感謝した。そして、私の最高の価値観を理解しようとしてくれたことに、さらに深く感謝した。

私は続けた。

「でも、もし僕が納得できる理由があれば、時々はレストランで食事してもいいよ。キミが友達と食事するときに、僕も一緒に来てほしいと思うなら、どうすれば僕らが互いに価値あるものにできるか考えてみようよ」

妻は微笑んだ。彼女は、二人の価値観を満たす方法を探そうとしていた。
2、3日して、彼女は言ってきた。
「ご主人がすごい大企業の社長だっていう友達がいるの。もし、あなたがそのご主人と知り合いになったら、彼はあなたに、自分の会社で話をして欲しいと思うでしょうし、もしかしたらコンサルタント契約も結べるかもしれない。

彼も一緒にディナーに招待しようと思うけれど、どうかしら？　彼女と私はホントに仲良しだから、二人でプライベートな会話が楽しめるし、その間にあなたはご主人と話をして、将来の仕事の可能性を探れるわよ。

だったら、私たちが高級レストランで高い食事代を払っても無駄にはならないでしょ？　将来に向けての投資よ」

私は答えた。

「いいね！　ありがとう。そういうことなら、オシャレなレストランでもっとディナーをしてもいいな。君たちは豪華なグルメメニューを楽しめばいい。僕は、軽くヘルシーに魚料理かサラダを食べるよ」

彼女は微笑み、私も微笑んだ。自分がやりたいことをあきらめたり、退屈で高価な食事を私に強いる代わりに、発想豊かな妻は、Win-Winのアイデアを考え出したのだ。

彼女の最高の価値観を、私の最高の価値観で具現化し、共に楽しく満たされた気持ちにさせてくれたのだった。

私は私なりに、二人の関係をWin-Winに導く方法を持っていた。

その頃、頻繁に出張していたのだが、妻は時々、寂しさを感じ、私の出張にフラストレーションを抱いていた。

彼女は、私の仕事の重要性を理解していたが、それでも出張に行く私の姿を見て、時々落ち込んでいた。そんな彼女を、私も見たくなかった。

やがて、私の不在を、彼女が価値を置く何かと結びつける方法を考え出した。そして、彼女に言った。

「今度はアフリカとオーストラリアに出張で、10日ほど帰ってこないんだ。でも、お金はけっこう稼げるから、セミナーが終わったらベニスで会わないか？　アレンジしてくれたら、僕は君に会いにそこに行くよ」

出張で留守にすることを、特別なランデブーに結びつけたのだ。彼女は私の留守を感謝するようになった。

やがて、私たちは、スムーズにこのやり方ができるようになった。

バリュー・ファクターの観点からコミュニケーション技術を習得すれば、同様の収穫が期待できる。次のエクササイズでこの考えを掘り下げて考えることが可能だ。

【エクササイズ3】パートナーの価値観から自分の価値観を伝える

恋愛に限らず、どんな関係においても、コミュニケーションの極意は相手の最高の価値観の観点から、自分の思いを表現することだ。このエクササイズを行なって、そのスキルを習得しよう。

●インストラクション

あなたが好きなことや、やりたいことの中で、パートナーが抵抗する事柄を考える。そして次の質問に答えよう。

あなたのその活動や目標は、あなたの高い価値観の中で、どの価値観を表していますか?

1 ＿＿＿＿＿＿＿＿

2 ＿＿＿＿＿＿＿＿

3 ＿＿＿＿＿＿＿＿

その活動や目標は、パートナーの高い価値観のうち、どの価値観に対する試練となりますか?

1 ＿＿＿＿＿＿＿＿

2 ＿＿＿＿＿＿＿＿

3 ＿＿＿＿＿＿＿＿

次の質問で、あなたの行動や目標を、あなたのパートナーの最高の価値観とリンク付けする。

具体的にどうすれば、自分がしたい行動や目標が、パートナーの価値観を達成できるか、役立つ方法を10個、ハッキリと思い浮かべることができるまで、質問に答え続ける。どんなことでもリンク付けができる。これは、創造性が大事だ。リンク付けができれば、自分が好きなことを、よりスムーズに効果的に伝える能力を高めることが可能だ。

【あなたの大好きな行動または目標】

1
2
3
4
5
6
7
8
9
10

【リンク】

【相手の最高の価値観】

自分を100%知り、人生のパートナーを見つける

人生のパートナーに恵まれない人はいない。もし、恵まれていないとすれば、それは人生のパートナーについての理解が不十分であるからだ。

人生に望むもの、そして人生のパートナーに期待する特性は、あなたの人生の中にすでに、すべて支援や試練の形ですでに存在している。

人生のパートナーの特性は、必ずしも一人の人間にすべて現れているわけではない。それらの特性は、友人、同僚、家族など複数の人で表現されているかもしれない。人生のパートナーの特性が、複数の人に分配されているか、一人の人の中に存在しているかはわからないが、いずれにせよ人生のパートナーはすでに「そこにいる」。

今、そこに、何らかの形で、あなたの人生のどこかに。

私は、セミナーやカウンセリングに来る人たちから、人生のパートナーについての話をよく聞く。そこで、彼らに人生のパートナーに望む特性をリストアップしてもらい、次のように質問する。

「今まで生きてきた中で、誰が、いま現在すでに、その特性をあなたに示していますか？」

それが一人であれ複数であれ、彼らの人生に登場する誰かが、それらの特性をすでに与えている。これは100％確実な人生の真実だ。

それは仕事上の誰か、たとえば同僚やビジネスパートナー、または顧客、友人、近所の住人、親兄弟、あるいはペットの場合もある。

ほとんどの場合、あなたに特性を与えている「誰か」は、これらすべてのコンビネーションである。確実に言えるのは、誰かがすでにあなたが求める特性を与えているということだ。時には視野を広げて、パズルを完成するように、人生で遭遇するすべての人たちをよく見なければならない。

自分が求めているすべての特性が、すでに自分の人生に存在していることに気づけば、何かが欠けているとは思わず、絶望や落胆を感じない。これは素晴らしいポイントだ。

複数の人間によって表現されているかもしれないが、「自分には人生のパートナーがいる」と気づくことができ、満たされた気分になる。また、人生のパートナーたる「誰か」が常に変化し、その形を決定するのは、自分の価値観であることも理解できる。

人生のパートナーの特性を一人の人間ではなく、複数の人間によって分散して得ているのはなぜか？　答えは単純だ。一対一の関係を通して経験した痛みや試練から身を守るためだ。

これまで経験した痛みや試練は、「全面的な楽しみや支援」という幻想に基づいているので、ある意味では錯覚であることを認識して欲しい。

そして、非現実的な期待を持っているから、人は「普通の人生」を「こんなもんだ」とはみなさないで、痛みと試練を伴うものだと捉える。

そしてたぶん、人生のパートナーを探していると言いながら、そのパートナーとの関係を恐れさせるような、苦い思い出を積み重ねている。この場合、人は人生のパートナーの特性を、多くの人から得ようとするかもしれない。

そうすることで、一人の人からその特性を得ることで生じる痛みから回復できると信じているからだ。

「一人の人」は、必然的に最高の価値観に試練をもたらしたり、非現実的な期待を満たしてくれないことで裏切りや失望を感じさせるかもしれない。

それによって傷つけられるよりも、自分の孤独を友人で満たしたり、同僚との交際や、うまくいくはずのないお手軽な相手との性的な関係で満たしたりする。

パートナーの良い面も悪い面も受け入れることを学ぶより、パートナーとの関係を回避することで、裏切り、失望、痛みから自分を守るのだ。

セミナー参加者の女性に、カリフォルニアのオーハイからロサンゼルスまで車で送ってもらったことがある。その車中で彼女は言った。

「ドクター・ディマティーニ、お知恵を貸していただきたいことがあるの。私は、長くお付き合いのできる男性を探しているのですが、でもどうやってもそういう男性を見つけることはできないんじゃないかって思うんです」

そこで私は彼女に、自分を騙しているのではないか。一人の男性と長く付き合いたいと言っているが、おそらく心の底では、過去に一人の男性と付き合ったことによる辛い経験が、彼女の最高の価値観に対する多くの試練として結びついているために、一人のパートナーを得ることを無意識のうちに避けているのではないかと伝えた。

すると彼女は「でも、私は人生の伴侶を探しているんです。本当に心の底から生涯にわたって付き合える男性を望んでいるんです！」と反論した。

そこで私は「もしそれが本当なら、すでに誰か心当たりのある男性と出会っているはずです」と続けた。

彼女は「ドクター・ディマティーニ。そんなことがどうして言えるのですか？　私のことを何も知らないくせに」と言った。

私は「それでは、あなたが本当に何を求めているのか詳しく見てみましょうか」と言い、彼女が人生の伴侶に求めている特性をすべてリストアップしてもらった。

それから次に、彼女の知り合いの中で、そこにあげた特性を持つ人をリストアップしてもらった。そして、彼女がそれぞれの特性に求めている100％の量と同じだけ、彼女の知り合いがすでに彼女に示してくれていることを確認してもらった。

彼女は、自分の人生に欠けているものは何もないことに気づいて驚いた。彼女にはすでに人生の伴侶がいたのだ。

なぜなら、彼女が人生の伴侶に求めている特性は、すでに彼女の人生にすべて完璧に存在していたからだ。ただ、彼女が空想していた「特定の一人の男性」という形で、それが満たされていなかっただけなのだ。

次に、私は彼女の過去の関係について聞いてみた。

「あなたが過去に付き合った相手には、あなたが人生の伴侶に求めている特性があることがわかりますか？

また、それだけではなく、そうした交際には苦痛や試練といった感情的な重荷を伴うものであるということに気づきましたか？

私にはあなたは同じような苦痛を味わいたくないと思っているように思うのですが……。特定の一人と付き合うことで、過去に経験した苦痛をもう一度味わうことになるのではないかと怖れているのです」

「とてもよくわかります」とゆっくりと彼女は言った。私は続けた。

「あなたは、職場の人に、人生の伴侶の特性を見いだしたのです。なぜなら、そうすることによって、その特性を家に持ち帰る必要がないからです。

他にもあなたには、テニスのパートナーがいて、犬がいる、それから相談に乗ってくれる女性の友人もいる。あなたが人生の伴侶に求めている特性をすべて持っているわけです。

それも、特定の相手を持つことで経験しなければならない多くのフラストレーションや、もしかしたら、夜中に叫んだり、議論したり、楽しくもないのにいちゃいちゃしたり、過度にパートナーに気を使ったり。そういう面倒くさいことを経験することなしに」

こうしたことは彼女にとって、すべて驚きを伴う新事実だった。

「あなたの過去の交際の経験は、支援よりも試練、あるいは快楽よりも苦痛と結びついている。そしてあなたは今、過去の交際の支援や好ましい特性を再び得たいと思う一方で、（本当は誤った一方的な思い込みである）痛みを避けようとしているのです」

そこで、私が「ブレイクスルー・エクスペリエンス」セミナーで教えている「ディマティーニ・メソッド」を使って、彼女の過去の交際経験で得た（と彼女が思い込んでいる）試練や苦痛が彼女にもたらしていた恩恵に気づいてもらい、辛い思いという認識に、バランスをもたらすことにした。

そこで、彼女が過去の交際で苦痛として認識しているすべての特性に対して、それらの特性が彼女にもたらしていた恩恵を見つけることにした。

私は彼女に尋ねた。「もしも過去の交際であなたが辛かったと認識している出来事が、実際には起こらなかったのだとしたら、それによってあなたはどんなデメリットを被ったでしょうか？　あなたが「苦痛」と認識したその出来事が、あなたにどんなメリットをもたらしたでしょうか？」

（このバランスを発見していく質問のプロセスを通して）ロサンゼルスに着くまでに、彼女は最初の交際、2番目の交際、そしてこれまでに経験した5つの交際すべてに対して、心から感謝し、それ以外の感情は何もない状態になった。

そして、目的地に着いたときには、無意識のレベルで感じていた過去の重荷を完全に解き放っていた。

過去の交際が持つ二面性に気づき、それらがすべて完全にバランスがとれていたことがわかったとき、無意識のうちに避けてきた、特定の男性と関係を築くということも、できるような気になっていた。
2、3週間後、彼女は人生の伴侶だと信じられる男性と出会った。まさしく彼女の人生の中に突如として「男性」が現れたわけだ。

人はよく、あれが欲しいとかこれが欲しいと言うが、願望が現実化する過程の裏には、真の最高の価値観が関係している。この女性が望んでいた人生の伴侶を引き寄せるためには、感情の重荷を解放することが必要だったのだ。

そうすることで、彼女は自分の価値観を人生の伴侶を見つけるという目標に合致させることができたのだった。

ここで二つの概念が出てくる。注意過剰症（第1章で説明したもの）と、目的意識過剰症だ。これらは共に、人は自分の最高の価値観を満たす機会を認識し、それに従って行動する特殊な能力を持っていることを指し示す。

恋人や人生のパートナーを得ることに高い価値観を持っていたら、出会いを見逃すことはない。

しかし、そこに価値観を持っていなければ、どんな出会いにも気がつかないだろう。過去の痛みや苦い思い出を二度と経験したくないと考えていたら、どんな出会いのチャンスも逃してしまう。世の中には、簡単にデートする相手を見つける人がいる一方で、何カ月も、何年も、一人のままの人がいることがその理由だ。

しかし、実際は両者とも人生の伴侶を見つけているのだ。前者は、それが特定の一人の人物であり、後者は、多くの人たちに分散されている形で。

どちらも、その人の最高の価値観を生きている。意識的にせよ、無意識にせよ、どちらも自分が望む人生を生きているのだ。

人生の伴侶というコンセプトは、究極的には一人の人物、または複数の人が、自分の人生を豊かにしてくれる支援と試練の特性を示す相手を意味する。

人類が持つすべての支援と試練の特性は、私たちの進化と成長を最大化するために必要なものである。

すべての特性に感謝するとき、私たちは深く完全なる愛を体験することができるのだ。

第6章

才能を活性化する

私は常に、自分にできないことを
やることにしている。
そうすることで、
そのやり方を学べるからだ。

——パブロ・ピカソ

自分の才能に気づく

2、3年前、ダラスで開催されたイブニングセミナーで講演をしたときのことだ。セミナーが始まると、いつもの質問を参加者にした。

「自分の仕事で、特にやりたいとは思えないようなことを、やらなければならないという人はいますか?」

予想していたように、多くの参加者の手が挙がった。私は参加者を見渡してこれから行なうワークの相手を探した。30代前半の女性に目がとまった。

誰よりも早く手を挙げた彼女は、覚悟を決めたようなまなざしで私を見ていた。彼女の印象としては、目標に向かって取り組んだことに途中で挫折し、あきらめているような状況にあるように思えた。

マリサという名前のその女性にステージに上がってもらった。マリサは、地元の金融会社の役員を務め、出世街道をすごいスピードで突き進んでいた。

「仕事の中で、やりたくないことは何ですか?」と私は聞いた。彼女は即答した。

「契約に関する手続きのための事務作業です。本当に嫌でやりたくないんです。でも、それは私の職務なので、誰かに代わってもらうこともできないんです」

部屋中に、共感の笑い声が渦巻いた。会場にいた誰もが、やりたくもない仕事を任され、毎日うんざりしながら仕事をしていたのだ。マリサは会場からの共感に勇気をもらい、話を続けた。

「その仕事が単に嫌いなだけではないんです。苦手なんですよ。契約書に書いてある法律用語が理解できないし。飽き飽きしてくるんです。

この仕事をするたびに、私ってバカじゃないかと思うし、イライラするし。何度もこの業務をマスターしようと頑張りました。でも、無理です。契約作業はやりたくない。どんなに頑張ってもうまくはなれません」

そこで私は彼女に言った。

「何ができるか考えてみましょう。まず、あなたの価値観の優先順位を見てみましょう」

私は、第２章でも紹介した「バリュー・ディターミネーション」のメソッドを使って、数分ほどで彼女の人生における最高の価値観が何であるかを明らかにした。

貯蓄や投資をしてお金持ちになる。それが彼女の価値観だった。彼女はシングルマザーで、中学生の子どもが二人いた。彼女の夢は、子どもたちを最高の大学に進学させ、子どもたちが望めば、大学院にも行かせる。そのための教育資金をまかなえるようになることだった。

富を得て、子どもたちが望むものは何でも叶えてやりたいと考えていた。将来、起業したいと言い出せば資金援助もするつもりだ。旅行したいのなら、その費用を出してあげる。そして彼女の目標は50歳までに独立開業することだった。

それが実現できれば、彼女は自由を楽しむことができるし、家族に富をもたらすという価値観のためにあきらめていた自分の夢を追い求めることができるようになる。

マリサが素晴らしいのは、目標へのステップを着々と実行していることだった。貯金をして、堅実な投資をして、自分で設定した金銭的ステップを確実に達成していた。会社でもスピード出世を果たし、同僚からも一目置かれる存在だ。自分で投資会社を作るという最終的な目標に向かって、着実に歩んでいると思っていた。

しかし、唯一の問題は、クライアントとの契約作業のことだった。そこには二つの大きな問題があった。

一つは、毎週、何時間も気乗りのしない仕事をしなければならないことだ。もう一つの問題はより深刻で、いつもは自信にあふれ、やる気に満ちたマリサが、契約作業のことを考えると、精神的に不安定になってしまうことだった。

他の仕事に関しては完璧だし、自分でも優秀だと思っている。マリサはそう言った。しかし、契約作業をしているときは、自分でもバカだと思うことがあると告白した。

私は彼女に言った。

「では、ここで、あなたの契約業務の才能を開花させましょう」

彼女は驚いたように私に言った。

「まあ、頑張ってください。でも、契約業務について、私には本当に才能がありません」

そこで私とマリサは、彼女が苦手だと思っている契約業務、つまり大切なクライアントである大企業との契約書の中身を理解し、彼らと交渉し、契約書を書くという一連の契約作業を、彼女の最も深く、最も意味のある最高の価値観に結びつけるワークを行なった。

まず、契約関係の仕事が、彼女の最高の価値観、つまり自分自身と家族のために富を築くことを達成するために役立つか、彼女に聞くことから始めた。

「私はこの仕事が嫌いなんです。自分の仕事でなければいいのに」

彼女はこう言った。

「そうですね。でも、それは私の質問への答えにはなっていません。ただ問題と向き合うことを避けているだけです。

もう一度質問します。契約業務が、あなたの最高の価値観である富を築くことに、どう役に立つでしょう？」

私がこう言うと、彼女はしばらく考え、そしてその答えを見つけた。嫌で嫌でしかたがない契約作業をすることで、彼女は国内最大手企業の決定権を持つ人物と仕事をする機会を得ていたのだ。

他にも契約の仕事を通して、自分が将来独立したときの見込み客と出会う機会を得ていたし、先方の契約窓口となっている重要人物から、仕事や財政や法律面でのさまざまな情報や知見を得ることができていた。

彼女が苦手で嫌いだと言っていた契約業務は、ビジネス界のトップクラスの人物と、直接やりとりできるための基礎を作っているのだと理解し始めた。

さらに深く考えると、この仕事は、彼女の子どもたちのためのコネ作りにも役立っていることに気づいた。この仕事によって出会う人たちの中には、彼女の子どもたちがいつか入学したいと思うような学校の卒業生がいるかもしれないからだ。

もしかしたら、彼らは彼女の子どもたちの将来的な雇用主、投資家、あるいはメンターになるかもしれない。

このイライラする仕事が、実は彼女に重要な人的ネットワークを形成するチャンスを与えてくれる素晴らしい機会であると思えるようになった。

契約業務という、マリサにとって苦痛と思われた作業と彼女にとって最高で最も重要な価値観に多数のリンクが結ばれたことで、彼女の認識は変わった。

契約業務という苦痛を避けるのではなく、むしろ積極的に受け入れる気になったのだった。

私は彼女に、今の気持ちはどうかと聞いた。

「以前、感じていたこととは全く違います。契約という仕事をとても魅力的に思います。私にとって、とても大事な仕事だからです。いつかそのことがハッキリと証明される日が来ることが待ち遠しいです」

バリュー・ファクターによって、マリサにとって苦痛であった知的な契約業務を、彼女の最高の価値観と結びつけることで、注意欠陥障害（ＡＤＤ）を注意過剰症へと変えたのだ。

思い出して欲しい。人が何を引き寄せ、何を無視し、何に気づかないか、それを決めるのはその人の最高の価値観だ。私たちは価値観の低いことには注意散漫となり、価値観の高いものに対しては、過剰な注意力を発揮する。

マリサのケースで最も重要なことは、苦痛で退屈な仕事を刺激的でワクワクするものに変えたことだけではなく、彼女が自分にはないと思い込んでいた才能を活性化させ、その才能を活かす新しい可能性を切り開いたことだ。それがまさに「才能」の定義なのだ。心をふさぐような試練は、心動かされるチャンスでもあるのだ。

バリュー・ファクターを用いた場合と、そうでない場合の才能

精神的に重荷と感じる活動やテーマを、最高の価値観と結びつけない場合、隠れた才能が目覚めないだろう。

本来発揮できるはずの創造性と革新性が生まれてこないだろう。

集中力が維持できず、気が散りやすくなるだろう。

健康や、脳と細胞の適応能力が高まらないだろう。

注意欠陥障害のある人だとレッテルを貼られるだろう。

うつ、あるいは躁状態に陥りやすくなるだろう。

やる気や野心が完全には活性化しないだろう。

モチベーションを高める刺激が、頻繁に必要となるだろう。

記憶力が低下して、物忘れが激しくなるだろう。

内省的になり、行動することを躊躇したり先延ばしにするだろう。

しかし、精神的に重荷と感じる活動やテーマを、最高の価値観と結びつけた場合、才能が目

覚める。
脳が活性化を続け、新しい能力と深い関係性を関連づける機能が発達するだろう。
知識がより長期的に、正確に記憶されるだろう。
学歴の壁を乗り越え、独自の才能に目覚めるだろう。
より創造的で確信的な思考ができるようになるだろう。
より活動的になるだろう。
冷静で、迷いがなく、ぶれないようになるだろう。

あなたの隠れた天才性を目覚めさせる

誰もがその内に天才性を秘めている。しかし、その隠れた天才性に気づかない限り、それはけっして開花することはない。生まれ持った才能を目覚めさせる鍵は、自分の最高の価値観を理解することだ。そこに、あなた独自の才能が眠っている。

これまで述べてきたように、人は誰もが価値観の優先体系に準じて生きている。その人にとって（優先順位の）最も高い価値観が、潜在的な創造力を最大限に引き出す。

このことは老若男女、誰にでも当てはまることは、バリュー・ファクターによって証明されている真実だ。

人は最高の価値観を生きているとき、励まされたり、気づかされたり、モチベーションを与えられたりする必要はない。最高の価値観のことになると、人は誰でも規律正しくなり、頼もしくなり、物事に集中できるようになる。

自分の最も価値のあることに対して、内面から突き動かされるからだ。これがバリュー・ファクターの効果である。

また、価値観の高いことには、秩序や効率性がもたらされる。コンピュータゲームが大好きで、それを最高の価値観だと考えている少年なら、所有するすべてのゲームを内容や難易度、ジャンルなど自分にとっての「意義」に従って、整理整頓しているだろう。

洋服や化粧が好きな女性なら、クロゼットやドレッサーはキチンと整理されているだろう。低い価値しかないものには、全く正反対の現象が起きる。散らかしっぱなしでも平気でいられる。

さて、才能を活性化させる最初のステップは、自分の最高の価値観を特定することだ。最高の価値観を生きるのに、誰かに背中を押してもらう必要はない。

10歳の少年をコンピュータゲームの前に座らせる必要もない。親に言われなくても、少年はテレビとゲーム機の電源スイッチを入れてゲームを開始し、プレイで学んだことは何でも吸収するだろう。

親は彼に、寝なさいとか、宿題しなさいとか、服を片付けなさいと言わなければならないだろうが、ゲームをしなさいと言う必要は全くない。

少年は、ゲームでハイスコアをたたき出したり、ステージをクリアするために、スキルを磨き、裏技を勉強し、プレイヤーとしての能力を自発的に高めようとする。プレイ中の彼の内面は、インスピレーションであふれているのだ。

同様に、洋服や化粧が好きな若い女の子に対して、服を買いに行けとか、本気でオシャレしろとか言う必要はない。

新しい服やアクセサリーを買ったり、自分に似合う色のリップスティックを選ぶことで、彼女は自分の大切な価値観を満たしているのだ。しかも、自然に。

価値観とはまさに、人が何を認識し、どのように行動するかということに対して、大きな影響を与える。

もしも、子どもに最高の価値観を持つ母親がショッピングモールに行ったとしたら、彼女の目につくのは、子どもの服、教材、おもちゃなどだろう。

他のものはあまり見えない。彼女は、その価値観によって現実にフィルターをかけるわけだ。最高の価値観を満たすものには気づき、そうでないものには気づかない。

もし、彼女の弟が不動産屋で、子どもに無関心であったなら、同じショッピングモールに行ったとしても、姉には見えていたものが、彼には見えないだろう。彼が関心を持つのは、そのショッピングモールが投資に値するかどうか判断するための情報である。

客の入り、空室率、建物の状態と築年数など、不動産業者としての自分の最高の価値観を満たすための情報だ。

価値観が認識を決定するとはこのことだ。彼女には、投資案件としてのショッピングモールという視点はないし、弟には子どものためのショッピングモールという視点はない。だから、姉弟が同じショッピングモールに行っても、目に入るものが違う。

価値観に合致するものは目に入り、そうでないものは目に入らない。このことは、脳科学でも説明できる。脳内のグリア細胞や、網様体賦活《ふかつ》系というものだ。

グリア細胞とは、脳が知覚神経や運動神経の構造や機能を再構築することを助ける特殊細胞である。

知覚による行動と認知によって起きる行動は、どちらも、脳を変質させる。知覚により変質し、行動によっても変質するが、知覚と行動が共に作用する場合は、変質に対する効果はさらに強力になる。

この変質は知覚神経と運動神経の神経可塑性によって引き起こされる。知覚神経や運動神経の要求に応じて変化する、神経可塑性によってだ。

つまり、物事を自分の最高の価値観を満たすものだと認識し、最高の価値観を満たすように行動すれば、脳は自分の最高の価値観をより効果的に満たすように変質する。

母親が子どもに何かを買ってあげたり、弟がショッピングモールの空室率を調べて利益率を計算したりという自分の最高の価値観を満たす行動をとっていれば、脳は「変わる」ということだ。

意識していようがいまいが、これは真実だ。もし、子どもに健康的な食事をさせることに最高の価値観があるならば、健康的で安全な食品を売っている店や、健康料理本や、子どもの健康に役立つ料理を特集しているテレビ番組にすぐに気づくだろう。

子どもにとっての健康的な食事というものに、アンテナが向くように脳が変質しているからだ。

子どもがいない場合でも、無意識であったとしても、自分自身のために健康的な食事をとる必要があると感じていれば、なぜか不思議と同様の体験をしてしまう。

子どものためであれ、自分のためであれ、健康的な食事という最高の価値観は、健康的な食事に対する注意力を高め、健康的な食事をしようという気にさせてくれる。脳をそのように変質させてくれるのだ。認識と行動が、このような効果をもたらしてくれる。

これが、バリュー・ファクターが、天才性を目覚めさせる理由だ。どのようなテーマであれ、それが最高の価値観と結びつけば、高い次元での覚醒を可能にする大きなポテンシャルと、創造的才能を目覚めさせることができる。

料理の例で言えば、子どもたちや自分自身の健康に高い価値を置いているとすれば、栄養学の分野で創造的な才能を開花させることができるだろう。

子どもの身体や自分自身の身体に、何が良くて、何が悪いのか、そのことについての複合的な知識をマスターできる可能性が、自分にあると感じるだろう。

ビタミン、栄養、人間の身体の構造についての神秘的な知恵を得るだろう。食物やサプリメントのエキスパートとなり、学生時代は苦手な教科だった生物学や化学、栄養学に関する知識や理解が深まっていることに驚くだろう。

最高の価値観と結びついていなかったがために、単位を取得できなかった科学の教科も、子どもや自身の健康という最高の価値観と科学や栄養学が結びつけばマスターできる。

こうしたバリュー・ファクターの強力な効果を理解したならば、自分の天才性を目覚めさせる秘訣は、自分が才能を伸ばしたい分野について、自身の最高の価値観と結びつければいいことがわかる。

最高の価値観に結びつき、注意過剰状態になると、その分野について何にでも注意を払い、気づくようになるだろう。

また、意志過剰状態にもなる。高い確率で、やろうとしていることをやれる状態。そして、的確で、規律正しく、集中して取り組める状態だ。

さらに、記憶過剰状態にもなる。ある情報が、最高の価値観とリンクしていたら、それは自然と記憶できてしまう。

最高の価値観と結びついたものは何でも、長期的に記憶できる傾向がある。逆に、価値観と結びついていなければ、何事も短期的な記憶になりがちだ。

実際、コンピュータゲームが大好きな男の子に、学校であったことを聞いても、ほとんど何も覚えてないだろう。しかし、コンピュータゲームのことについて聞いたら、一番好きなゲームについて延々と話すだろう。膨大な数のキャラクターも覚えているだろう。

彼は好きなゲームを攻略するという最高の価値観を満たすために、運動機能と感覚機能を最大限に活性化させているので、高レベルで生き生きとゲームの話をすることができる。

学校の成績は良くないかもしれないが、コンピュータゲームに関しては絶対的な天才なのだ。

そういう子どもが、学校で学ぶ教科がコンピュータゲームで秀でた存在になるために役立つと知ったなら、それらの学科でもゲーム同様、絶対的な天才になれるだろう。

これが天才性を目覚めさせる秘訣である。得意になりたい分野と、自分の最高の価値観を結びつけることができたら天下無敵だ。行く手を阻むものは何もない。

以下のエクササイズで、その力をさらに体験してみよう。

【エクササイズ1】最高の価値観と結びつけることで、才能を活性化させる

このエクササイズでは、自分が学びたいことを、自分の最高の価値観と結びつけることで、才能を活性化させることができる。

●インストラクション

1　習得したいスキルやテーマ、情報の種類を特定する。
2　第2章で特定した最高の価値観のトップ3を書き出す。
3　特定したスキル、テーマ、情報を学習し、マスターすることで、自分の3つの最高の価値観がどのように満たされるのか、少なくとも20個書き出す。

【スキル、テーマ、情報】

1

【上位3つの価値観】

1
2
3

【スキル、テーマ、情報が価値観にどのように役立つか】

1
2
3
4
5
6
7
8
9
10
11
12
13

本当に無能なのか、それとも誤解？

価値を見いだせないものを追求しろと言われても、人は動けない。低い価値観に生きていると、人は焦点がぼやけ、記憶力がなくなり、気後れし、注意欠陥障害（ＡＤＤ）に陥り、私が言うところの記憶欠陥障害や意志欠陥障害が発生する。

このような状態にあると、人は「頭が悪い」「怠けている」「注意散漫」「賢くない」などの

20 19 18 17 16 15 14

レッテルを貼られてしまう。

こうしたレッテルは、人の持つ真の天才性が目覚めることを妨げる。ADDと診断された子どものほとんどは誤診だ。

そのような子どもの一日の生活を追ってみれば、その子にも、集中し、落ち着いていて、物を覚え、何かに没頭しているときがあることに気づくだろう。

興味の範囲がコンピュータゲームなのかもしれない。あるいは、スポーツやテレビ、友達とのコミュニケーションかもしれない。大人の世界では価値のないものかもしれないが、子どもたちにとっては価値の高いものなのだ。

そして、その価値観の中では、注意過剰、記憶過剰、そして意志過剰になるのだ。多くの場合、こうしたタイプの子どもは何か特定の一つに極端に集中した価値を持っている。

私は特に若い人たちに伝えたいことがある。それは、誰もが素晴らしい才能を持っているということだ。

学習能力や才能がないと言われたり、自分でもそう思っているとしたら、それは単に、周りの人間が価値を置かない何かに、自分の能力や才能が集中しているだけなのかもしれない。

才能とは誰かから「期待されるもの」ではなく、自分自身が「持っているもの」だ。自分に才能があることに疑問を持ってはいけない。自分独自の才能について、他人だけでなく自分自身でも、否定するようなことは言わないで欲しい。

同様に、成人であっても「のろまだ」とか「頭が悪い」と言われたとしても、それは単に誤ったレッテルでしかない。周りが求めていることと、自分の最高の価値観が結びついていないだけの話なのだから。

ある人は、車の修理や、子守り、友人を笑わせるといった優れた才能を持っているかもしれないし、またある人は、土産物のコレクションや、お金の節約、レストランのメニューでベストアイテムを探し出すことかもしれない。

才能の幅は、広い人もいれば、狭い人もいる。いずれにせよ誰もが自分独自の才能を持っているのだ。そして、日々の行動と、自分の最高の価値観を結びつける方法を学べば、人は自分が選ぶ分野で天才性を発揮することができる。

何度も言うが、バリュー・ファクターこそが自分の天才性を目覚めさせる秘訣なのだ。

隠れた才能

私はこれまで、自分の隠れた才能が発見されるのを、ただじっと待っているだけの人をたくさん見てきた。あるとき、某リアリティ番組に出演した。ハリウッドで番組収録をしたのだが、ゲストの中に、7歳のときにＡＤＤと診断された42歳の男性がいた。

昔の私と同じだった。彼は学ぶスピードが遅く、学習障害があり、難読症で、将来一人前の人間にはなれないと言われて育った。

私は彼と、1時間45分にわたって話をした。そして、誰も彼にしたことがないような質問をした。

私が知りたかったのは、すぐに覚えることができるのはどの分野か？　飲み込みが早いのはどの分野か？　覚えたことを忘れずにい続けることができるのはどの分野か？　といったことだ。

彼は疑念と少しの悲しさ、そして怒りさえ示すようにして、私を見て言った。

「私には優れた記憶力も、物事を素早く学ぶことも、忘れずに覚え続けているなんてこともできないし、そんな能力なんてありません」

しかし、私はそれは真実ではないと思った。

「あなたは『ない』と言っているけれど、私は『ある』と思っていますよ。だから、あなたが否定しているご自身の隠れた才能や気づきを、あなた自身が発見できるまで、私は何度だって聞き続けます」

多くの人がそうであるように、彼は自分の限界がわかっていると主張した。それは、彼の周囲がいつも彼に言っていた「できないこと」のことだ。しばらくの間、彼は抵抗した。

私は容赦しなかった。彼が持つ能力を、彼自身が気づくことができたら、彼の人生は変わることがわかっていたからだ。

テレビ番組だったので、これをやるのに2時間しかなかった。しかし、彼に対して、そして私自身のアプローチについて確信があったので屈しなかった。私は質問した。

「ところで、あなたの記憶力に問題があるということは、いつ頃からわかったのですか？」

彼は言った。

「記憶の限りでは……、幼い頃からです」

この彼の回答こそ、非常に示唆に富んでいるものだった。なぜなら、彼は記憶力に問題があると言いながら、そんな昔のことを記憶していたのだ。驚くべきことだ。そこで、突破口となったこの質問をひたすら繰り返した。

彼は過去の重大な出来事を思い出した。かなり皮肉な出来事だった。鮮明に、そして完全に思い出したその出来事とは、先生から「物覚えが悪い」と言われたことだった。「あまり覚えてないんです」と言いながら、彼は話し続けた。

私はしつこく聞いた。

「先生に言われたことが、あなたの最高の価値観の一部なら、そう言われたことをただ単に覚えているだけでしょう。物覚えが悪いことを、あなたが自分の長所として語っているとしたらね。

あなたは、物覚えが悪いという役割を演じることで、ある種の利点を得ていたのだと思います。あなたは、そのことでメリットを得ているはずです。物覚えが悪いということで、あることをしなくてすんだとか……」

彼は反論したが、私はただこう言った。

「では、あなたがよく知っていること、詳しいことは何ですか？」

一つの分野の記憶を解放すると、二つ目を取り除くことは難しいことではなかった。実は彼は、スポーツトリビアだったのだ。

彼は、あるスポーツのチーム情報、選手、戦法などについて話し始めた。1時間45分間、私は辛抱強くこの作業を続け、彼が豊富な知識を持っていることを示す例を次々と引き出した。

やがて彼の目には涙があふれてきた。35年にも及ぶ呪いが解けた瞬間だった。35年間、彼は自分には学習能力がないと信じてきた。実際にはあるにもかかわらずだ。

そう思い込んできたのは、彼が能力を発揮できる分野を、親や教師が認めなかったからだ。彼の価値観は、親や教師の価値観からすればかなり偏ったもので、社会通念にも合致していなかった。

だから、学習能力がないと判断されていた。しかし、そのとき、彼は自分の隠れた才能を見いだし、泣きながら私を抱きしめ、人生の新しい可能性を感じ取っていた。

この男性の才能は、なぜ、隠されていたのか？　それは、自分自身よりも外部からの影響や権力を優先して、内なる独創的な能力をベールに包み、周りからの評価を受け入れていたからだ。

もし、自分に何かの才能があると思ったら、エクササイズ1に戻り、マスターしたいと思う分野を、自分の最高の価値観と結びつける方法を見つけて欲しい。

また、これまでの人生のどの時点で、知的で素晴らしい才能を示すことができたか、自分自身に問いかけてみて欲しい。

バリュー・ファクターは、隠れた才能を見つけ出すために有効だ。

子どもの隠れた才能を見いだす方法

多くの場合、親は、子どもの才能に気づかない。それが表現される分野ではなく、親が期待している分野で探しているために、子どもの価値観を知ろうとせず、親の最高の価値観を投影することに躍起になっている。

しかし、子どもは親の期待どおりに生きるようには設計されていない。この世のすべての人と同じく、子どももまた自分にとって最も価値があると思うものを追求する。そこの分野でこそ、子どもの隠れた才能が姿を現すのだ。

数年前、コネチカット州の郊外で２００人の教育者、教師、親を対象としたセミナーを行なったことがある。参加者の中に、12歳の息子を連れてきた女性がいて、質疑応答のときに手を挙げた。

「ドクター・ディマティーニ。もし、あなたにこの子のような子どもがいたらどうしますか？学習障害があり、怠け者で、やる気がなくて、覇気もないの」

当の息子がすぐ横に座っているというのに、その母親は公衆の面前で5つも6つも、その子にレッテルを貼り続けた。

その親子の対面にはカウンセラーが座っていた。その少年にレッテルを貼ったのはそのカウンセラーで、誇らしげな様子で母親の話を聞いていた。

私の中で、子どもの頃に学習障害があると言われ、劣等生のレッテルを貼られた自分の経験が鮮やかに蘇った。

このようなレッテルが、当の本人に対していかに失望と誤解を与えるか、よくわかっていた。

そこで、その少年の前まで歩いて行き、握手して名前を聞いた。少年は黙ったままだったが、私は母親に対して、彼はあなたが思うような子どもではない、と言った。対面にいたカウンセラーの顔には、苛立ちの表情が浮かんだ。母親は言った。

「私はこの子と一緒に暮らしているから、これが全部、本当のことだとわかるんです。すべて、息子に当てはまっています」

この母親が、カウンセラーと一緒になって、どれほどこの子にレッテルを貼りたがっているかわかったが、そのことに驚きはしなかった。同様のケースをたくさん見てきたからだ。

しかし、レッテルというのは、コミュニケーション能力が低い人間に対して、自分の価値観を投影するという非現実的な期待に過ぎない。どんなレッテルもそうだ。

子どもは親や教師に言い返せないし、貼られたレッテルをそのまま受け入れてしまう上に、自分の最高の価値観を受け入れて欲しいと要求することもできないので、貼られたレッテル、つまり他人の価値観に影響されてしまうのだ。

しかし、私はそのセミナーに参加した教育者や親たちに、このようなレッテルがいかに誤解を招き、真実を示さないか理解して欲しかった。だから、私は少年に尋ねた。

「いくつか、質問してもいいかい？」

少年は少し当惑していたようだが、私が握手をして、彼のことを受け止めたことに気を良くして「いいですよ」と答えてくれた。

「ありがとう。では、君が誰よりも賢く、素早く、技術的に上手にできるものは何かな？　君の得意なものは？」

「ええっと……、コンピュータゲームかな」

彼は自信なさそうに答えた。

「なるほど。どんなゲーム？」

「ええっと……、アイスホッケーかな」

彼はまだ自信なさそうだった。

「いいね。つまり、君は友達より、アイスホッケーのコンピュータゲームが得意なわけだね？」

「はい」

こんどは少し自信を持って少年は答えた。

「君はいつも、そのゲームでは友達に勝ってるの？」

「はい。ほとんどいつも」

「じゃあ、それに関しては君はすごいんだ？」

「うん、そうです。僕はゲームではすごいです！」

少年は、今度はとても自信を持って答えた。

私は、少年の母親を見た。

「今まで、息子さんに対して、アイスホッケーのゲームのテストをしたことはありますか？」

「えっ、何ですか、その質問？　もちろんそんなこと、したことなんてありませんよ」と母親は答えた。

次に私はその子のカウンセラーを見て言った。

「この少年に対して、アイスホッケーゲームのテストをしたことがありますか?」

「もちろん、ありません」と彼女も同様に答えた。

私は続けた。

「どうやらお二人は、このジャンルについては無知のようですね? もし、アイスホッケーゲームのテストがあったとしたら、落第間違いなしでしょうね? ゲームのテストを出したら、あなた方はやる気はないし、それを学ぼうともしない、物覚えが悪く、注意力散漫……、そうしたレッテルを貼られても当然でしょうね」

もちろん彼女たちは、異議を唱えることはできなかった。私は再び少年に向き合い、話しかけた。

「君はアイスホッケーのゲームが得意なんだよね? アイスホッケーの雑誌はよく読むの?」

「はい」と彼は言った。

「息子の部屋は、アイスホッケーの雑誌だらけなんです。だから学校の成績が悪いんですよ。息子は、アイスホッケーのことしか頭にないんですから」と母親も言った。

私は、少年に尋ねた。

「君は、プロのアイスホッケー選手の名前が言えるかな？」

「もちろん言えるよ」と彼は言った。

「わかった。じゃあ立ち上がって、どの選手がすごいのか教えてくれるかな？」

彼は立ち上がって、13人の選手の名前をスラスラと言った。私が止めなければ、もっとたくさんの名前が出てきたはずだ。

「その選手たちは、どのチームにいるの？」

少年は、さっきあげた13人の選手の所属チームと背番号までスラスラと答えた。

「じゃあ、過去の試合の結果とか、得点数や、ファウルの数とか言える？」

「言えるよ。何人かの選手については、ガールフレンドの名前だって知ってる」

このあたりでカウンセラーは私たちのやりとりに興味を示し、母親の態度も変わり始めた。まるで母親は、初めて会ったかのような目で、息子を見ていた。私は二人に言った。

「この子は学習障害ではありません。彼は自分が心を動かされないことを学ぶことに問題があるだけ、そしてそれは、私たちの誰もが同じように抱える問題です。

あなたたちは興味がないから、アイスホッケーのことを知りません。彼は興味があるからアイスホッケーについては何でも知っている。

彼は、自分の最高の価値観であるアイスホッケーのコンピュータゲームに非常に極端に焦点を合わせているというだけのことです」

母親とカウンセラーは頷き始めた。セミナーに参加していた、他の親や教育者たちも同様だった。

私は言った。

「子どもは学ぶことが大好きです。子どもたちは自分の最高の価値観を達成することに役立つことや、彼らにとって意味のあることは何でも学びたいという願望を生まれながらにして持っています。この少年も同じです。私たち、皆がそうです。

あなた方が、子どもが興味を持つような教育をしたら、彼らの天才性は目覚めます。子どもたちは、自分が興味を抱くことについてわからないことをわかるようになりたい、それが何なのかを理解したいと思っています。だから、しつこく大人に聞くのです」

そして、少年に向かって質問した。

「学校ではたくさんの科目があるよね。どの科目が苦手かな？」

「えーと、数学です」と彼は答えた。

「なるほど。では、数学が、君の大好きなアイスホッケーゲームで上達するために、どんな役に立つかわかるかな？」

「いいえ。どういう関係があるのか、わかりません」と彼は答えた。

「どんな関係があるか、わからない？」

「ええ」

「だから、その科目が嫌い？」

「はい」

私は、参加者に向かって言った。

「みなさんはどうですか？　アイスホッケーのコンピュータゲームの授業を受けたい人はいますか？」

もちろん、誰も手を挙げなかった。

「では、自分にとって全く意味がないと思う授業を受けたい人はいますか？　みなさんは大人だからノーと言えるが、子どもは言えません。それがどんなことか、忘れてしまっている。しかし、私がコンピュータゲームの授業を受けることを強要したら、あなたたちは退屈し、イライラし、お腹の調子が悪いとか言って授業をサボる口実ばかり考えるでしょう。そうじゃありませんか？」

会場中が頷いた。私は少年に向き直り聞いた。

「数学で苦労してるんだね？」

「はい」

「質問だけど、アイスホッケーって、リンクの上でやるよね？」

「はい」

「リンクは長方形かな？」

「はい」

「長方形ということは、僕たちは今、数学の話をしていることになるね。リンクの長方形は、角が丸くなっている？　コーナーでも戦えるように」

「はい」

「その角は半円状かな？　半円は幾何学で、これも数学だよね？」

「はい」

少年はほとんど興奮しかけていた。

「リンクの両端には、長方形のネットを張ったゴールがあるよね？」

「はい」

「ということは、それも数学だね？　ゴールの幅や高さを決める特定の比率というのがあるのかな？」

「はい」

「それも数学だね」

「はい」

「数学の話はまだあるよ。各チームには何人の選手がいる？　スターティングメンバーは何人で、控えは？　その比率は？　それって、数学だよね？」

「そうですね」

「まだあるよ。スティックでパックを打つとき、最適なスピードとコントロールを得るためには、どの角度で打つのがベストかな？」

「わかりません」

「でも、これは数学の問題だね？」

「そうです。それはわかります」

「じゃあ、ゲームに上達するために必要な比率の問題を解くためには、数学を勉強する必要があることを理解してくれたかな。スコアを付けることにも数学は役に立つよね」

「はい」

「数学は、ゴールとファウルの比率を理解することに役に立つかな？　これらのすべてを理解することは、君がアイスホッケーのスーパースターになることに役立つかな？」

「はい」

「アイスホッケーと数学、関係のない部分があるかな？」

「ないと思います」

「もし君が数学を理解したら、理解できてない選手より、ゲームでも有利になるよね？」

「はい。確かに」

「数学を勉強することで、友達よりずっとずっとうまくなりたいと思わないかな？」

「なりたいです！」

少年は興奮気味に言った。そして、セミナー参加者の前で、カウンセラーの目の前で、彼は母親に向かってこう言った。

「ドクター・ディマティーニが言っていたことが、詳しく書かれている本を買って！」

このやりとりは、言い換えれば、私が14分間でこの少年に、母親に数学の本を買って欲しいと言わせたことになる。カウンセラーは熱心にメモを取り、母親は胸が一杯になった。私は言った。

「あなたの息子さんは、学習障害なんかじゃないですよ。教師やカウンセラーが、彼の才能を目覚めさせる方法を知らなかっただけです。

間違ったレッテルを貼ることは、彼が物を考えるときの自信に影響します。どうか彼の内にある才能に気づいてあげてください」

もし、あなたに子どもがいて、子どもの才能を開花させたいと思うなら、次のエクササイズが有効だ。きっと新しい視点で子どもを見ることができるようになるだろう。

【エクササイズ2】子どもの才能を活性化させる

私たちは、子どもがそれぞれ独自の才能を持っていることを忘れてしまっている。子どもたちのそれぞれ独自の才能を理解して、それに必要な情報とスキルを彼らの最高の価値観とリンクさせて、彼らの天才性が発揮できるようサポートしてあげることだ。このエクササイズはそのためのものである。

●インストラクション

1　自分の子どもが興味を持たず、苦手で、出来も悪いが、将来のために必要だと思う科目やスキルを特定して書き出す。注意点としては、偏見を持たずに書く、子どもが興味を持つかどうかは考えない。

2　第2章で述べた「バリュー・ディターミネーション」を、子どもに行ない、子どもの最高の価値観のトップ3を特定して、下段に書き出す。

3　書き出した科目やスキルと、子どもの価値観を結びつける方法を、20個以上考える。そして真ん中の段に、少なくとも12個の方法を書き出す。

【子どもが興味を持たず、苦手で、出来が悪い分野】

1 ＿＿＿＿＿＿

【子どもが興味を持たず、苦手で、出来が悪い分野を学ぶことが、子どもの最高の価値観のトップ3に役に立つ方法を20個以上あげる】

1 ＿＿＿＿＿＿

2 ＿＿＿＿＿＿

3 ＿＿＿＿＿＿

4 ＿＿＿＿＿＿

5 ＿＿＿＿＿＿

6 ＿＿＿＿＿＿

【子どもの価値観のトップ3】

1 ＿＿＿＿＿＿

2 ＿＿＿＿＿＿

3 ＿＿＿＿＿＿

20 19 18 17 16 15 14 13 12 11 10 9 8 7

親にとっての子どもの存在理由

子どもたちの天才性を目覚めさせることに関心のある親のために、次のこともお伝えしたい。もし、あなたが親として、子どもを支配し、コントロールし、指示を出す権利を与えられていると考えているなら、あなたの人生に子どもがいることの意味をわかっていない。

子どもはあなたの元へやってきたのではなく、あなたを通り過ぎていく存在なのだ。親が子どもに教える存在であるのと同じように、子どももあなたに教えるために存在する。

それはなぜか？　あなたもそしてあなたのパートナーも、それぞれ独自の価値観を持っている。お互いが相手の価値観をサポートする間柄だと、お互いに浮かれ過ぎた状態になっていることだろう。

逆に、お互いにチャレンジばかりしていると、お互いは反目し合う関係になる。相手に浮かれ過ぎると、愛は盲目で、相手の欠点が全く見えなくなる。

相手のことが嫌いになると、相手の良さが見えなくなる。このようにお互いに相手に盲点ができてしまう。

その盲点を埋めるのが子どもなのだ。つまり、自分とパートナーが持ち合わせていない（と思い込んでいる）特性を子どもが示すようになるのだ。

あなたが子どもにこうして欲しいと期待すると、子どもはそれと反対のことをする。子どもにこうして欲しくないと思うと、子どもはそれをするようになる。

私がこれまで何千、何万という家族と向き合ってきてわかったことが一つある。それは家族内に働く力学であり、抑圧したり、ないことにしようとしている特性を家族の誰かが表現するようになるというものだ。

つまり、自分とパートナーが、自分たちにはない、または不要と思っている特性が、良い面、悪い面を含めてすべて、子どもや他の家族が示すようになるということ。

親は、子どもにとって良かれとおもんぱかっているものだと思っているだろう。しかし、実際には、子どものほうが親のために、その親が認めたくない特性の存在を教えてくれているのだ。

子どもは、親が大切に思っていない価値観を表現することで、親に対し、心をもう少し大きく開き、そうした価値観を認めるように仕向けているのだ。

子どもたちの価値観が、自分の価値観と同じくらい大切だと認識し理解できれば、他人を愛し、自分を愛することについて多くのことを学ぶようになる。

前に紹介した、パートナーと行なうように提案したエクササイズを、子どもたちと一緒にやってみて欲しい。

子どもたちの最高の価値観が、どのように自分に役立っているか、自分自身に問いかけてみて欲しい。

そして、子どもたちの最高の価値観に対して感謝できるまで、40回でも、50回でも、60回でも繰り返し、質問に答えて欲しい。

コンピュータゲームであっても立派な最高の価値観の一つだ。そして、自分の身を費やしていることが、子どもたちのためにどう役立っているか、考えて欲しい。

この質問にも、40回でも、50回でも、60回でも考えて欲しい。そうすれば、子どもに対して愚痴を言うのではなくて、心の中でも子どもと対話ができるようになる。

そして、子どもの将来に役に立つ、子どもたち自身の最高の価値観に語りかけることができるようになる。

そのようなコミュニケーションを子どもに対してできるようになれば、子どもたちは自発的に勉強するようになるだろう。子どもたちは学ぶことが大好きなのだから。

自分らしい独自の才能に自信を持つ

人はそれぞれが独自の価値観を持っているように、誰もが人とは違う特有の才能を持っている。全く同じ才能を持った人間を、宇宙は二人も必要としていないのだ。

自分の最高の価値観を知ることと、才能を目覚めさせることは、自分が世の中のためにどのように役に立つのか、つまり自分の存在意義を理解するための非常に重要な二つの要素である。バリュー・ファクターを理解することは、自分独自の才能を活性化させ、他人の才能を理解することに役立つ。

第7章

充実したキャリアを歩む

あなたが本当にやりたいことを
あきらめないでください。
愛とインスピレーションがあれば、
間違うことはないはずです。

——エラ・フィッツジェラルド

自分と仕事の関係を変える2つの方法

周囲の人に、自分の仕事は何か、どんなものなのかを聞いてみて欲しい。ほとんどの場合、「ワクワクする」とか「充実している」という言葉は出てこないはずだ。

多くの人が、憂鬱な月曜日（ブルーマンデー）を迎え、水曜日に「やっと半分が過ぎた」と思い、金曜日にようやく「明日から週末だ！」と感じ、そして週末を迎える。

毎朝「朝だ！　仕事するぞ！」とワクワクしながらオフィスに向かう人はほとんどいない。週末だけが楽しみで、趣味や家族のために収入を得る。ただ、それだけのために仕事をしている人がほとんどだ。

私はそのような人生は選択しなかった。私にとっては、毎日がバケーションのようなものだ。なぜなら、やりたいことを仕事にしているからだ。

多くの人は、仕事とは必死になって頑張るものだと考えている。だから、私はその状態を変えたいと考えている人たちにその方法を教えて、彼らが本来の力を発揮できるように手助けをすることが大好きだ。

誰もが、まるで休暇に出かけるかのようにワクワクして仕事に行って欲しいと願っている。

私がそうしているように、誰もが充実した人生を送るに値するのだから。

仕事で充実感を得るための簡単な方法がある。まず、自分の最高の価値観、そして最もワクワクする価値観を見つける。

そして、自分の職責、職権、業務内容と、その価値観を関連づけ、重要性を見極め、仕事の優先順位を決定し、優先順位の低い仕事、タスクを誰かに任せてしまう。あるいは、好きなことを仕事にできるよう、人生を再構築する。

今の仕事に対する価値観を変えるか、新しいキャリアを求めるか、その両方なのか、いずれにしてもバリュー・ファクターはうんざりする仕事を、刺激的で魅力にあふれるキャリアに変えるための助けとなる。

自分が本当にやりたいことは、誰かにやれと言われなくてもやるものだ。本当に好きなこと、自分の最高の価値観を満たすものは、誰かから説得されたり、念を押されたりすることも、そしてそのためのモチベーションも必要ない。

やむをえない理由、たとえば会社や学校に行かなければならないといったことでもない限り、誰かに強制されなくてもやり続けるだろう。懸命になってそれをやる時間を作り出そうとするだろう。

そこで、鍵となる質問がある。

あなたは、今就いている仕事に、ワクワク感やうずうず感を感じているだろうか？

仕事を中断した後に、再開することが待ちきれないような仕事だろうか？

「今日はこれくらいにしておこうか」と自然な形でストップできるまで、ひたすらやり続けることができる仕事だろうか？

同じ気持ちで再開できる仕事だろうか？

自分が思い描く「やりたくてしょうがないこと」と同様に、生活のためにやっている今の仕事は、心動かされるものだろうか？

もし、答えがノーで、今の仕事が収入のためだけのもので、何のワクワク感もないのなら、この章は、そんなあなたにとって非常に価値のある章となる。この章では、自分自身と仕事の関係を完全に変えてしまう二つの方法についてお伝えする。

1　毎日の仕事や業務を、自分の最高の価値観と合致させる方法

2　自分の最高の価値観に合致した仕事へと、キャリアチェンジする方法

本章を読み終えた後、キャリアパスを変更したり、自分が得意とする分野で新しいチャンスを探したり、完全に新しい分野に飛び込むことを選択することになるかもしれない。キャリアに対する考え方が変わり、今の仕事をもう少し続けてみよう、あるいはずっと続けていこうという気持ちになるかもしれない。

いずれにしても、毎日の仕事を、自分の最高の価値観に結びつけることで、より多くのインスピレーションを得て、生産性が上がり、その効果を実感できるだろう。

キャリアにおけるバリュー・ファクター

もし、日常の業務が、自分の最高の価値観と合致していなければ、ビジネスリーダーではなく、単なる労働者で終わる。

仕事にやる気が起きず、充実感も持てない。

業務をこなすのに、誰かからの後押しが必要となる。

昇進のチャンスは少ないだろう。

仕事仲間にフラストレーションを与え、人気も尊敬も得られないだろう。

仕事の生産性は低いだろう。

より多くの休暇や休憩がなければ、やっていけないだろう。

仕事の革新性や、組織への貢献度が少ないだろう。

しかし、もし日常業務が、自分の最高の価値観と合致していれば、リーダーシップを発揮する。

やる気が出て、仕事に集中できる。

自発的に仕事できるので、他人からの後押しなど不要。

より充実感を得られる。

仕事仲間もやる気になる。

職場で人気が出て、尊敬される。

生産性が上がる。

より革新的な仕事が可能となり、組織への貢献度も上がる。

職場におけるバリュー・ファクター

私のビジネスキャリアは、4歳のときにスタートした。父親の靴を磨いて、小遣いをもらっていたのだ。ただ金を稼ぐということだけなく、私は仕事そのものを楽しんでいた。

父親が必要としているサービスを、自分が提供できていることが誇らしかったし、傷んですり減った靴を新品同様にピカピカにすることが楽しかった。

起業家精神にあふれた子どもだった。自分の人生を靴磨きに捧げるつもりはなかったが、自分の力でお金を稼いでいるという、その感覚は気に入っていた。

しかし、お金を稼ぐことよりももっと重要なことは、自分は人の役に立てる人間なんだと実感できたことだ。その機会を与えてくれた父親は、素晴らしいプレゼントを与えてくれたわけだ。

当時から私は、そのことを実感していた。たった4歳の幼い子どもだったが、父親の役に立ったということを、誇らしく感じていたのだった。

9歳のときには、自分自身のスモールビジネスを立ち上げた。近所の子どもたちを集めて、草刈りや家の掃除などを教え、近所の家に出向かせて掃除をする商売を始め、利益を得ていた。

自分で立ち上げたこの事業は、父親の靴磨き以上に楽しかったし、近所の家々の庭を美しくすることに、大きな満足感を得ていた。近所の子どもたちを集め、彼らの特性に合わせて仕事を割り振るという作業も好きだった。

稼いだお金が貯まっていくのも楽しかった。近所の家々を美しくしたり、自分が雇った子どもたちが小遣いを稼げたり、そういう形で人の役に立てるのがうれしかった。

しかし、この頃の仕事が、自分の一生の仕事になるとまでは思っていなかった。

自分の食い扶持は自分で稼がなければならないとは理解していたが、仕事が休暇のような楽しいものになったとき、人生は輝きに満ち、より充実したものになることは、講演家としてのキャリアをスタートさせるまでは気づかなかった。

20代の前半から、私は好きなことをして、満足のいく報酬を得ることに喜びを感じていた。第3章で詳しく伝えたが、これこそが、充実した人生を送るための秘訣なのだ。

第1章でお伝えしたように、私の人生のスタートは、けっして幸運と呼べるようなものではなかった。

年齢の割にはビジネスの才能に恵まれていたが、学習障害のために、読むことも、書くことも、人とのコミュニケーションをとることも、ましてや遠くまでいくこともできないし、何をやってもたいしたことはできないだろうと言われ続けていた。

その結果かどうかはわからないが、高校も中退した。10代の私は、路上で生活し、ヒッチハイクで移動して、まともな仕事にも就けず、最後はハワイの森の中でテント暮らしをして、そこで死にかけた。

そのときのことはよく覚えている。体調は最悪で、テントの中をはいつくばりながら、自分の人生のことを考えていた。

「もし、これで生き延びることができたら、この人生でもっとすごいことをやってみたい」

そう思った。

人は人生のどの時点からでも、好きなことを始めることができる。本書の読者の誰もが、好きなことを仕事にできるということだ。それは可能だと私は確信している。

だから、人生のどの時点で始めるかは問題ではない。これまで何をしてきたか、今、何をしているかも関係ない。

大事なことは、自分とは何者なのかを理解し、何が自分を感動させるのか、言い換えれば、自分の最高の価値観は何なのかを理解することだ。

自分にとって最も意味のある夢、最も心震えるようなビジョンは何か、そして、それらを実現するために、どんな行動をとるべきかを理解することだ。これが、バリュー・ファクターの神髄である。

ミッションを第一優先に生きる

メアリー・ケイ化粧品の創業者、メアリー・ケイは、充実したキャリアを実現するための、素晴らしいアドバイスを私にしてくれた。それは、自分にとって最もワクワクするミッションや夢、ビジョンを実現するために、その日にできる6つか7つの行動、優先事項を毎日書き出すというものだ。

あまりに多くのことを書くと、やるべきことが多すぎて仕事がたまり、嫌になる。だから、6つか7つがちょうどよい、ということだった。

6つから7つ。それを確実に実行し、自分自身に感謝する。もし、「あと二つくらいはできる」というのならやってもよいのだが、大事なことは毎日、すべてをやり終えるということだ。そうでなければ、設定した目標が達成できず、不満足な結果に終わる。すべての行動がめでたく実行できたら、自分で自分をほめてあげよう。

私は、来る日も来る日も毎日、3×5インチのインデックスカードに、その日に行なうべき6つから7つの行動を書き出し、実践し続けてきた。カードは730枚にもなった。その行動リストは、たとえばこんな感じだ。

1 地球上で、最もクリエイティブで偉大な言葉を遺した人たちの名言を調べる。
2 その名言の中で、最も意味深い考えを書き出し、名前順に整理して、セミナー教材や書籍にまとめる。
3 これらの本を、生涯にわたって多くの人たちとシェアする。
4 これらの新しい知見を、世界中の受講生と分かち合うために、どこへでも飛び回る。

５　何が最も多くの人にとって、最も効果的に作用したかの記録をとる。
６　自分が経験、達成したことの中で、最も感謝していることのリストを作成する。

私は、この７３０枚のカードを見直して、どのような行動が重複しているかをチェックした。何度も何度も繰り返し出てくる行動を知ることで、自分が最優先で行なうべき行動が何かが見えてくる。２年分のカードをチェックし直すことで、４つの行動が毎日、出てくることがわかった。

それは「調べること」「書くこと」「旅行すること」「講演すること」の４つだ。これらの行動が、私の最高の価値観を表していた。

この４つの価値観は、いつも持ち歩いている１４００ページのミッションブックの表紙に書き留めている。この本には、私の個人的なミッションが書き留めてあり、何度も見直して、アップデートしている。

達成したいと思っている目標の達成方法や、日々出会う人々への感謝の気持ち、そして降りかかってきた出来事などを書き留めている。

人生の進化とともに、このミッションブックも、私が心を動かされている人生の旅を実現するための道のりを反映し、進化しているのだ。

仕事と自分の価値観を結びつける

第4章では、自分が最も心動かされるような運命と出会うためのエクササイズをお伝えした。そのエクササイズをすることで、今とは別の仕事を見つける可能性についてオープンになれたと思う。

しかし、今の仕事にやる気と魅力を見いだすこともまた可能だ。たとえ、究極の目標が起業することや、別のキャリアに進むことだとしても、今の仕事に意義を見つけ、充実感を得ることは非常に有益である。

多くの人にとって仕事とは楽しくないもので、できればやりたくないものだ。そのような人たちは、今の仕事が自分のミッションの追求や、自分の最高の価値観を満たすことに、何ら役立っていないと思っている。

だから、そういう人たちに仕事をさせるには、何らかのインセンティブや福利厚生といった、外からの働きかけや動機づけが必要になる。

彼らは、今の仕事にフラストレーションを感じている。そうした彼らの問題の核心は、やりたくない仕事を続けることでも、働かなくても生きていけるくらいの金持ちの家に生まれなかったことでもない。

問題の本質は、今の仕事が、彼らの最高の価値観を満たすために役立っていることに気づいていないことなのだ。そういう彼らは、誰か他人の価値観を、自分の人生に投影してしまう。

本書で何度も繰り返し伝えているのは、そのことがすべてのフラストレーションや絶望感の元凶であるということだ。

では、どうすれば、自分が他人の価値観で生きているかがわかるのか？　それは、「○○すべきだ」「○○しなければならない」「○○する必要がある」といった言葉を、自分自身に投げかけているかどうかでわかる。

たとえば、
この仕事を続けるべきだ。
仕事に行かなければ。
もっと一生懸命働かなければ。
締め切りに間に合わせなければ。

仕事に対するこのようなセルフトークは、自分が他人の影響を受けていること、他人に権威を与えていることを意味している。仕事を自分のものと思わず、だからこそ仕事に全力を傾けることもない。

その結果、自信に欠け、達成度も下がり、キャリアアップのチャンスも逃してしまっている。

それとは対照的に、日々の仕事を自分の最高の価値観とリンクできれば、やる気が自然と湧き、自信も仕事の達成感も高まり、目標を達成できる可能性が飛躍的に上昇し、自分が望む人生を歩むことができる。

ビジネスコンサルタントとしての私のサービスの一つが、社員それぞれの仕事内容と会社のミッション、またはビジョンと社員の最高の価値観を結びつけることだ。

私は会社には、社員全員の価値観を明らかにし、それぞれの仕事が社員の価値観を満たすのに、どのように貢献しているのかを見つけるよう指導している。

そして、従業員には、会社のミッションやビジョンが、自分の価値観や人生の目的を遂行するのにどのように役立っているかを見てもらうように指導する。

このメソッドの効果には、毎回驚かされる。多くの社員は自分の仕事に疑問を感じているものだ。

しかし、このメソッドを行うことで「間違った仕事を選んではいない」ということに気づく。

そして、感謝の念にあふれ、今の仕事が自分のミッションや人生の目的を達成するための、絶好の機会を与えてくれていると知る。

そのことに気づくと、朝起きて、会社に行って仕事をすることが待ちきれなくなる。今まで感じたことのない熱意を感じ、仕事に対する感謝の気持ちがあふれてくる。そして、仕事を愛し、会社のビジョンに心動かされるようになるのだ。

私は、企業のマネジャーがこのメソッドを使って、生産性の低い社員をたったの３時間で、やる気に満ちた生産性の高い社員に変えてしまうケースを、何度も見てきた。

このメソッドによって、社員は仕事に対して感謝と熱意にあふれ、素晴らしい注意力、目的意識、記憶力を発揮するようになるのだった。

もし、あなたが職場でリーダーの立場にいるのであれば、このメソッドの使い方を第９章で詳細に述べているのでぜひ参考にして欲しい。

本章では、職場での立場に関係なく、自分のために行なうエクササイズをお伝えする。このエクササイズを完了すると、即座に自分の仕事に心惹かれるものを感じることだろう。そして、今まで以上に全力で仕事に打ち込むようになるだろう。

病気ではなく健康に、絶望ではなく希望に、非生産的ではなく生産的に、より意識的に行動するようになるだろう。自分が、仕事を通して最高の価値観を満たしていると感じると、会社が単なる働く場所ではなく、自分の一部だと感じるようになる。

では、さっそく次のエクササイズに取り組んで欲しい。

【エクササイズ1】仕事における充実感を発見する

ここでは、自分の仕事の職務や責務、および自分の最高の価値観の上位3つを、会社のミッションやビジョンと結びつける方法を学ぶ（リーダー的立場の人間が部下に対して行なうエクササイズは、第9章で詳しく述べる）。

●インストラクション

【ステップ1】 自分の仕事の仕事内容を詳細に記述する。その仕事を、タスクと責任ごとに分類して、グルーピングし、それを簡潔な名称をつけて列Aに書き、自分の仕事が網羅されていることを確認する。

【ステップ2】 会社のミッション、ビジョンをリスト・アップし、列Eに簡潔に記入する。もし、会社に正式なミッションやビジョンがない場合は、自分自身のミッションやビジョンでよい。

【ステップ3】 第2章のエクササイズで行なった、自分の最高の価値観の上位3つを列Cに記入する。

【ステップ4】 列Aの仕事内容を、列Cの自分の最高の価値観の上位3つにリンク付けする。それぞれの仕事が、自分の最高の価値観を満たすのに、どのように役立つか、10個から30個、列Bに簡潔に記入する。自分自身に次のように問いかけるとよい。

「この仕事をすることで、自分の最高の価値観の上位3つを満たすのに、どのように、具体的に役立つだろう?」

【ステップ5】 会社のミッション、ビジョンを、自分の最高の価値観の上位3つとリンク付けする。次のように問いかけるとよい。

「会社のミッションやビジョンを満たすことが、自分の最高の価値観の上位3つを満たすのに、どう役立つだろう?」。その答えを、列Dに10個から30個、記入する。

生産性、インスピレーション、ロイヤリティを確立するフォーム

列A
【仕事の内容】

列B
【列Aがどのように列Cに役立つか？】

列C
【自分の最高価値、目的】

列D
【列Cがどのように列Eに役立つか？】

列E
【会社のミッション、ビジョン】

ビジネスにおける宇宙の法則

充実した人生を送るには、自分が本当にやりたいことを仕事にし、その仕事で十分な報酬を得ることである。それができれば、仕事が休暇のように思えるようになる。

そのための方法について前述してきたわけだが、実はあともう一つステップが必要だ。それは、自分の一日の予定を優先順位の高い、自分が本当にやりたいタスクで満たすことだ。

それをしなければ、毎日が優先順位の低い、退屈な仕事で忙殺されてしまうことになりかねない。これは、シリル・ノースコート・パーキンソンの第一法則、「仕事は割り当てられた時間いっぱいかかる」（必要と思う時間より余裕を持ってスケジュールを組んでも、結局は時間いっぱいかかってしまう）として知られるビジネス原則の一つだ。

経験的にこのことに気づいている人もいることだろう。私は、以前カイロプラクターの仕事をしていたときに、そのことを経験した。

治療が早く終わり、次の予約まで10分とか15分の時間ができても、患者が帰らないとか、次の予約客が早めに来るとか、セールスマンが来たり、電話がかかってきたりする。時には、コピー機が壊れたり、プリンターが動かなくなったりと、テクニカルな問題が起きたりもする。スタッフがファイルを忘れたり、患者の連絡先をなくすということも起きる。しかし、重要度の高い予定でスケジュールを埋めているときは、予想外の問題に悩まされることはなかった。優先順位の低いことが、スケジュールに食い込むすきがなかったわけだ。

この経験から、人生とは自分自身がインスピレーションに満ちた時間を過ごすか、嫌なことを惹きつけるかのどちらかしかないことを悟った。

パーキンソンの法則には根拠がある。生物学的、社会学的、経済学的な世界は、最も高い価値観、最も高い優先順位で生きていると報酬を与えてくれる。

自分の最高の価値観で人生を創り上げていると、自分自身はもちろん、周囲の人、組織、会社までが、共に成長する。

私は、この宇宙は、ある知性を持つ存在が表現したもので満ちあふれていると信じている。そしてそれらが、自然の法則を通じて、高度の規則性と数学的な秩序と優雅さを表出していると信じている。

さらには、この宇宙そして世界は、生きとし生ける有機生命体および組織が支援と試練のバランスを通して進化を遂げられるようサポートしていると信じている。

だから、重要で優先順位の高いタスクにだけフォーカスしていると、人は自然の叡智の効率性と最小限の行動の法則に同調していくことになる。

この法則によれば、あらゆることの達成は、最小の行動で実現されるということである。最優先事項における最高のパフォーマンスが、最大の効率性をもたらすのだ。

言い換えれば、優先順位を持って臨む者が、人生というゲームのルールを支配するのだ。優先順位を持たない者は他人に支配される。だからこそ、毎日のスケジュールに優先順位をつけて過ごすことが大切なのだ。

では、どのようにして、優先順位の高いタスクで満たされていることを、確認すればよいのだろう？　それには、自分にとって何が最も重要で、自分が最も得意なことは何かを正確に理解することだ。

得意なこととは、自分が最も適任で、誰よりも高い貢献ができ、自分と会社に対して誰よりも競争優位性や収益性をもたらすもののことだ。

優先順位の高い業務とは、自分が最も心惹かれるもの、かつ、自分が最もクオリティの高いサービスを提供できるもののこと。それ以外の業務はすべて、それが好きな誰かに任せてしまえばよい。

こうすることで、自分の人生をインスピレーションで満たし、組織を発展させることができる。

先見性を持ったリーダーとして、現場の詳細はスタッフに担当させてビジネスの基盤を作り、さらに業務委譲を推し進めてそのチームを管理することで、自分が実現したいビジョンの実現に向けて前進するのだ。

あなたが先見性を持った起業家で会社を興すのであれば、企業活動全般を通して自分の最高の価値観を表現する機会を持つことになる。自分のミッションと最高の価値観を満たすために協力してくれる人を雇うことができる。

それは同時に、スタッフもそれぞれ自分のミッションと最高の価値観を満たす機会を得たことにもなる。あなたが会社勤めをしているのであれば、あなたのミッションと最高の価値観に合致した企業理念と価値観を持つ会社を選べばよい。

いずれにしても、自分が立てた予定に責任を持って、自分が心惹かれるような優先順位の高いタスクで埋め、どうでもよいタスクは、それをやりたい人たちに任せることだ。

●パレートの法則

パーキンソンの法則とならぶ、もう一つのビジネス法則が、80対20のルールとも呼ばれるパレートの法則だ。

この法則に従えば、自分の行動の20％が、成果の80％を生み出すことになる。人生の鍵は、その20％を特定して、そこに目標を定めることだ。

●人の役に立つ

価値観の優先順位は人によって異なるが、ある一つの重要な価値観は共通している。それは、人の役に立ちたいという価値観だ。

誰かの役に立っていると感じたら、人は心が満たされる。誰の役にも立ってないと感じていたら、どれほどの高給、ステイタス、恵まれた条件が与えられていても、心が満たされることはないだろう。

自分が本来すべきでないことを他人に委譲し、自分にとって最も重要度の高い仕事に集中していると、自分の中の最も豊かな資質を、他者に対して提供することができるようになる。

たとえば、私にとってそれは研究であり、書くことであり、世界中を回って教えることである。一人の個人に対してコンサルテーションすることもあれば、テレビ番組で数百万人に対して、教えることだってある。

テレビのほうが明らかに効率的ではあるが、私にとって一対一で教えることで得られる満足感は意味深く、だからこそ個人コンサルティングをやめるという選択肢はない。

そこには、直接的に確認できる反応からしか得られない知見やスキルがあり、講演会などで多数の聴衆に対して話をするときに、ケーススタディとして使うことができる。

一対一の個人コンサルティングは時間当たりの効率性でいえばテレビに劣るけれども、そこで得られる生の情報は、より多くの人々に感動を与えることに役立つのだ。

このように予定に優先順位を付ける場合、最も生産的で収益性があり、最も意味深いことを選ぶとよい。そういったタスクは、自分にとって重要かつ心惹かれるものとなるからだ。

●リカードの法則

リカードの法則は、18世紀の経済学者デイビッド・リカードによって唱えられた。その法則によれば、世界中のあらゆる国は、他の国にはない特有の資源や商品を持っている。それは、他国に対する優位性のあるもので、そのような商品の輸出に注力すると、その国の経済は成長する。

実は、この法則は私たちの人生にも当てはまる。自分の最高の価値観にフォーカスしたとき、人は自分の中にある、他の誰よりも偉大な資質にアクセスし、その資質を世界と共有できる。

この資質を「輸出する」ことで、その人が利益を得るだけでなく、世界全体が利益を得ることができるのだ。

あなたの仕事は間違っているのか？それとも次につながる仕事なのか？

講演の後に、「私は選んだ仕事を間違えました」と言われることがよくある。しかし、それは違う。この世の中に「仕事に間違い」などというものはない。

嫌な仕事は、次の仕事の前段階だ。次の仕事をするために必要な仕事である。自分の本当の価値観を押し殺すのではなく、その価値観を満たす仕事に就く準備のための仕事なのだ。

以前、ロンドンでのセミナーで講演を終えた後、ある女性がやってきて質問した。

「ドクター・ディマティーニ。あなたは、自分の最高の価値観を満たす仕事をしろと言いますが、自分は何が好きかわからない場合は、どうすればいいですか？」

「好きなことがわからないなんてことは、あり得ません。あなたは、心の奥深くで、自分が何をやりたいのか知っているはずです」と私は答えた。

「そんなことありません。本当に知らないんです」彼女は認めなかった。

私は、こう返した。

「それは、あなたが心の奥底で何かを恐れているだけの話です。その恐れが、心の目を曇らせ、本当は何がしたいのか、自分のエネルギーと人生を何に捧げたいのか、ハッキリと認識することを拒んでいるのです」

「でも、私は、何も恐れていません」と彼女は言った。

「いいえ、恐れています。たとえば、自分には知識が不足しているとか、失敗するかもしれない、十分な収入を得られないかもしれない、愛する人が否定するかもしれない、成功するためのルックスやバイタリティがないかもしれないとか。とにかく、あなたは何らかの恐れを抱いているはずです」と私は主張した。

「わかったわ。仮に、本当は何がしたいのかわかっているとしましょう。でも、私が恐れるのは……」と、彼女は少し微笑んで首を振った。

私は「あなたは何がしたいのですか？」と聞いた。

「私は、子どもの教育に関することがしたいの。でも、それをして十分な収入が得られるのかわからないし、そのための資格も持っていない」と彼女は話した。

「ちょっと待ってください。真実は、あなたは自分が何をしたいのか知っているということですね。まず、それを認めますか？」と私は言った。

「はい。認めます」。彼女は認めた。

「それで、あなたはその仕事に必要な学歴がないわけですね。では、なぜ、学校に行かないのですか？　行かない理由がありますか？　自分自身に尋ねてみてください。

逆に学歴がないことで、有利に働くことは何でしょう？　もしかしたら、学歴がないことで、ユニークな視点から独自サービスを生み出すことができると思いますよ。私だって、講演で語っているテーマの、ほとんどの分野は独学です。

でも、私は勉強し、学び、自分自身を教育しています。あなたもやればいい。それを阻むものは何もないのですから」と私は言った。

彼女とは、かなり長い時間、話をした。彼女は心配だった。ファイナンシャル・プランニング会社のアドバイザーとしての仕事をしていて、それは幼児教育とはなんの関係もない。その分野の資格も持っていないからだ。しかし、私は彼女に、次のステップに進むための正しい仕事に就いていることに気づいて欲しかった。

そこで彼女に次のように尋ねた。

「あなたの今の仕事は、幼児教育の仕事をするために、どのように役に立っていますか？」

彼女は、この質問の答えをたくさんあげた。まず、今の仕事で十分な貯金ができたので、休みを取って幼児教育の学位を取りに学校に行けると言った。

教育プログラムを実行するために必要な、ビジネススキルとマネジメントスキルを学んでいた。そして、彼女をサポートしてくれそうな重要な人たちと知り合っていた。これらのことは、彼女の現在の仕事と今後向かう仕事の架け橋の一部だ。しかし、まだあるはずだ。

私は、もっと多くのつながりを見つけるように質問を繰り返した。ついに彼女は、今の仕事が幼児教育を仕事にするための、完璧なトレーニングだったことを悟った。あんなに退屈で嫌だと思っていた仕事が、実は理想の仕事のための「学校」だったのだ。

今の仕事は「間違った仕事」なんかではけっしてなかった。それどころか、「次の仕事」への完璧なステップだったのだ。

彼女は「もっと早くこのことに気づいていればよかった。今までのフラストレーション、不安、あんなに悩んだのは何だったの。今の仕事が間違いどころか、次の仕事につながるものだったなんて！」と言った。

現在置かれている状況はけっして間違いなどではなく、次につながるものだということに彼女はようやく気づいたのだった。これが、バリュー・ファクターの力だ。

第8章

経済的自由の拡大

何人たりとも台帳からは裕福なのか、
貧乏なのか、知ることはできない。
人を裕福にするのは心である。
人の豊かさは、何を持っているか
ではなく、どう在るかで決まる。

——ヘンリー・ウォード・ビーチャー

経済的自由を得ている人の価値観とは？

講演会で私が参加者に「経済的に自由になりたい人はいますか？」と聞くと、ほとんど全員が手を挙げる。

しかし、「実際に経済的自由を手にしている人は？」と聞くと、99％の人が手を下ろし、会場は静まり返る。これが会社経営者や富裕層など、エグゼクティブクラスを対象としたセミナーなら別だが。

一般の人たちを対象としたセミナーや講演会では、さらにこんな質問をする。

「世の中の何％くらいの人が、経済的自由を手に入れていると思いますか？」

すると、たいていの場合「1％くらい」という答えが返ってくる。

そこで、さらに質問してみる。

「もし、世の中のたった1％の人だけが、経済的自由を手に入れることができるとすれば、この会場にいる皆さんの中の、誰がその1％に入りますか？」

すると、参加者全員が、「それは自分である」と、ほとんど奇跡のようなことを願って手を挙げる。そこで私はたたみかける。

「それが本当なら、皆さんはすでに経済的自由への道を歩んでいることになる。経済的自由が現実のものになりかけていることの証拠を何か持っているはずですよね」

すると、部屋はとたんに静かになる。この時点でようやく参加者は、富を築くためには、新しい原則と方法を学ぶ必要があることを理解し始める。

私のセミナーの参加者やクライアントの多くは、経済的自由を手に入れたいと言う。彼らは、自分のビジネスを立ち上げたり、堅実な分散投資をしたいと願っている。自分が働かなくても、お金が「ひとりでに」入ってくる仕組みを望んでいるわけだ。

しかし、ほとんど例外なく、彼らは私に、何らかの理由で貯蓄や投資が思ったようにいかないと言う。貯金したいとは思っているが、月末になると請求書がきて、お金が足りなくなると言う。

「投資しようと思っているが、今年は予想外の出費が重なって」とか「ビジネスを立ち上げたいのですが、十分な資本金が集まりそうもなくて」などと言い訳する。

こういう言葉を聞いていつも思うのは、彼らが言っていることと実際の目標は違い、彼らの最高の価値観とも矛盾するということだ。

人は経済的目標に対して幻想を抱いているものだが、ほとんどの場合、設定している経済的目標と最高の価値観が合致していない。その原因は「経済的自由」と「お金を使うこと」の違いを理解していないことにある。

多くの人は「お金に価値観を持っている」と言うが、実際には「お金を使うこと」に高い価値観を持っている。欲しいと思ったものは何でもすぐに買えるという意味で経済的自由を口にするが、そうであれば、今すぐに倹約を始めることは難しいだろう。

実際問題、経済的自由を得る方法は、お金を使うことに価値を置かないこと、貯蓄と投資に高い価値を置くことだ。

自分の最高の価値観が支出に向かっているなら、その目的が、新しい服を買うことだろうが、子どもの教育費であろうが、自己投資であろうが、貯蓄や投資のチャンスを得る前にお金をすべて使ってしまうだろう。

一方で、貯蓄と投資に最高の価値を置いていれば、それが何であれ、購入をストップさせるだろう。貯蓄と投資に価値観があれば、自分の興味は自然と、お金が増え貯金の利息や投資の配当を生み出すことに向かうのだ。

では、最高の価値観がお金ではなく、別のところにある人にとっては、どうすればビジネスを始めたり、老後のために貯金するといった経済的自由を得るための行動をとれるようになるのだろうか？

答えはいたって簡単だ。経済的自由を実現するという目標を立てたら、それを自分の最高の価値観にリンク付けすればよいのだ。言い換えれば、人々の役に立つことと、貯金し投資すること、それらを自分の最高の価値観と結びつければいい。

結局のところ、誰かに役立つことをしない限り、貯蓄や投資のためのお金は得られない。自分が何かに値する(deserve)には、そのために何かを提供(serve)することから始まる。サービスが先で、お金は後だ。だから、もし人々にサービスを提供するという目標を、自分の最高の価値観とリンクできれば、貯蓄や投資はより簡単になる。お金を使うのが簡単なのと同じくらい、簡単に貯蓄できるようになる。

経済的目標と自分の最高の価値観をリンクするために、次のエクササイズを行なってみよう。このエクササイズを終えたとき、あなたは、自分のビジネスを成功させ、自分や他人のために富を築くことが必要な理由を、少なくとも１２００個、有することになる。ビジネスの成功と富の形成が、価値観の優先順位のほとんどトップにくるようになる。

加えて、この二つの目標に対する目的意識も、最高レベルまで上がる。結果として、貯蓄、投資、富の形成という目標に向かって、注意過剰、意識過剰、記憶力過剰となる。

Attention（注目）：富の形成の機会に気づき、それをものにするための行動をとる

Retention（保持）：富の形成に役立つ情報を記憶する

Intention（意志）：富の形成に対する意識がより強くなる

富の形成が、自分の最高の価値観と遠ければ遠いほど、富の形成と自分の価値観は反発し合う。だから、もし本当に富を築きたければ、富の形成と自分の最高の価値観を結びつけることだ。そうすれば、自動的に多くのチャンスに恵まれ、今までとは違った形でそのチャンスを活かす行動がとれるようになるだろう。

【エクササイズ1】経済的自由に価値を置くことを学ぶ

人が富を築きたいと言ってきたら、私は6つの質問をする。それがこのエクササイズだ。質問に答え、エクササイズを完了すると、富に対する価値観が高まるか、少なくとも経済的自由と現在の最高の価値観をリンク付けすることができる。

●インストラクション

【ステップ１】 紙でもパソコンでもいいので、別々のページに、以下の質問に対する答えを書く。一つの質問に対して、それぞれ最低２００個答える。富の形成を、価値観の優先リストの上位に移動させるには、それぞれの質問に対して、２００個の答えが必要なのだ。

脳の神経回路を新しいものに置き換えるには、これくらいの量が必要だ。このエクササイズを完了すれば、脳の神経回路網が可塑的に変容を起こすので、驚くべき効果が得られる。

もし、２００個の答えが深くその上容易に得られるようなら、あなたはすでに富の形成の旅を始めていて、回路ができあがっているということだ。

ともかく、現在のコンフォートゾーン（安心できる領域）と能力レベルを超える結果を出すためには、筋力を鍛えるのと同じように、もっと多くの反復トレーニングが必要なのだ。

思考と脳を変容させるには、このメンタルワークで、ハードなトレーニングを積むことが必要である。だから、深く掘り下げて、強烈に意味のある答えを出して欲しい。

お金の管理方法に対する、認識、決断、行動が変容したことを実感できるまで続けることが大事だ。

1　より多くの人に貢献できるビジネスを築くことは、自分にとってどのように役立ち、価値を生み、そして恩恵をもたらすだろうか？

少なくとも２００個の回答を書き出す。得た収入を使うことで得られる恩恵ではなく、純粋にビジネスを築くことから得られる恩恵だけを書く。

回答例

・採用したスタッフの人生を導き、影響を与えることができる。
・人材をより多く採用し、取引量を拡大することができる。
・数百万人の人にサービスを提供し、変化を与えることができる。
・経営管理のスキルをマスターすることができる。
・子孫に残せるビジネスを築くことができる。

2　収益拡大のため、より効果的に効率的に経営することは、自分にとってどのように役立ち、価値を生み、そして恩恵をもたらすだろうか？　少なくとも２００個の答えを出して欲しい。

回答例

・人を管理しリードするスキルをマスターすることができる。
・チームを組み、心を動かし、人生に充実感を与えることができる。
・私と社員の行動に優先順位をつけ、ストレスを軽減することができる。
・利益を最大化し、コスト削減を通じて顧客に還元し、売上増につなげることができる。
・何が機能して、何が機能していないかを把握することができる。

3　ビジネスから得られる利益を貯蓄することは、自分にどのように役立ち、価値を生み、恩恵をもたらしてくれるか。２００個以上、答える。

回答例

・ビジネスを安定化させることができる。
・より質の高いクライアントを得ることができる。
・より裕福なクライアントと交流でき、より多くのアイデアを得、選択肢を広げることができる。

・複利の恩恵を享受できる。
・自分の不安定な感情と、経済的なストレスを緩和することができる。

4　投資し、レバレッジの量が増えていくプログレッシブ投資について学ぶことは、自分にどのように役に立ち、価値を生み、恩恵をもたらしてくれるか。２００個以上、答える。

プログレッシブ投資とは、投資総額の増加に伴い、取るリスクを拡大させていく運用法のこと。たとえば、毎月１００ドルを利付口座に積み立てし、数千ドルたまった時点で資産総額の半分を複数の優良銘柄に投資する。資産総額がさらに増えたら、その収益の一部を複数のより小型の新規上場銘柄に投資する。

小型の新規上場銘柄は大型銘柄よりもリスクが高いものの、その分期待リターンも高い。このように投資総額が増加するにつれ、リスクテイク量を拡大していくと、常に同じリスクの銘柄に投資を続けるより期待リターンの拡大が見込める。

回答例

・よりプログレッシブ（累進的）で、段階的に高まる期待リターンの利点を享受できる。

・企業戦略と財務戦略について学ぶことができる。
・下方リスクを限定し、安定した資産運用を学ぶことができる。
・分散投資ができる。
・自分の資産を、他の優秀な投資と同じ戦略で運用できる。

5　金融資産を拡大することは、自分にどのように役に立ち、価値を生み、恩恵をもたらしてくれるか。２００個以上、答える。

回答例
・安定した蓄えを持つことができる。
・富の形成の機会をさらに得ることができる。
・社会経済におけるボラティリティへの耐性を強化できる。
・長く持続するブランドを持つことができる。
・交流のある個人や企業を、投資先として選択できる。

6　金銭面における大義（目的）。つまり、何のために貯蓄、投資するのか、最終的に蓄えた財産と、自分の人生を何に捧げるのかを認識し、１００年以上続く遺産を残し、多くの人の役に立つことは、自分にどのように役に立ち、価値を生み、恩恵をもたらしてくれるか。２００個以上、答える。

回答例

・自分の死後も、世界に貢献する、長期的な基金を作ることができる。
・何世代にもわたって繁栄する家庭を作り、世界に貢献できる。
・遺産や信託のより洗練された計画についてマスターできる。
・慈善事業に参加できる。
・遺産を末永く、家族や社会に残すことができる。

これらの６つの質問に完全に答えることができると、自分や自分の周りに、それまで気づくことのなかったクリエイティブな新しいアイデアとリソースがあふれていることに気づくだろう。

そして、どうすればより効率的に人々の最高の価値観を満たし、世界により価値の高いサービスを提供し、自分をより高く評価しつつ、自分の望む富を築くことができるかが、理解できる。

【ステップ2】 先の6つの質問、自分の回答、そして自分がとり得る行動の一つひとつは、現実に実現するために、どのように役に立つのか考えてみよう。

1　現在実現したいものを、自分の現在の価値観の上位3つを基にして考えてみて欲しい。この質問に、少なくとも50個の答えを考える。

もし自分の最高の価値観の上位3つが家族に関するものであれば、次のように自問するかもしれない。

「より多くの顧客にサービスを提供するビジネスを構築することは、私の家族にどのように役に立ち、価値を生み、そして恩恵をもたらすだろうか？」

2　最高の価値観の上位3つを満たすことは、先の6つの質問あるいは行動を実現するために、どのように役に立つのか？　少なくとも50個の答えを考える。

回答例

家族とともに時を過ごすことは、より多くの顧客にサービスを提供するビジネスを構築するために、どのように役に立つか。

3　最高の価値観を経済的自由と合致させる

経済的自由を手に入れるという目標と最高の価値観が合致していないと、

・非現実的な期待とともに金融の幻想の中で生きるだろう。
・非現実的な期待のために、自分に対する評価や価値認識が低下するだろう。
・自分自身に一番先に支払うことはなく、貯蓄も投資もしていないだろう（「自分自身に一番先に支払う」とは、収入を受け取った際の最初の行動として、収入の一部を貯蓄と投資に回し、残りは請求されたときに支払うことだ）。

・経済的な野望を持たないだろう。
・賢明な時間とお金の管理ができていないだろう。
・金融関連のチャンスを見逃している可能性が高いだろう。
・金銭的報酬を受け取ることに価値を感じていないだろう。
・あなたの内側に隠された、金融に対する高い価値観に気づいていないだろう（私がこれをどういう意味で言っているのかは、のちに出てくる「あなたはすでに億万長者」で詳しく触れる）。
・「あなたも簡単にお金持ちになれる」といった宣伝文句に弱いだろう。
・お金に対して感情的な安定度が低く、お金の管理が上手ではないだろう。

経済的自由を手に入れるという目標と最高の価値観が合致していると、

・富と豊かさの価値を感じるだろう。
・富の受け取りを拒む過去の精神的負担や信念体系をより早く解決することができるだろう。
・ビジネスと富を築くことに強い理由を作り出すだろう。

・金融に関することや投資についてもっと学びたいと思うだろう。
・「あなた自身に先に支払う」を実行し、十分な収入を先に貯蓄や投資に回すだろう。
・富と金融に関する感情のコントロールがより効果的にできるようになるだろう。
・富の形成および社会貢献に対する目的、ビジョン、大義を拡大するだろう。

富の形成の背後にある法則

次に、自分が望むだけの富を形成する方法をお伝えする。

・明確なミッション・ステートメントを作成する。豊富な富は、創造性とサービスに捧げた時間への報酬としてもたらされる。最高のサービスを提供できるのは、サービスに対するミッションが明確なときだ。

・ミッション・ステートメントは、サービスの目的を明確化する。ビジネスにおける究極のサービスとは、他者の最高の価値観を満たすことだ。

・世界が直面する課題を真剣に考える。リーダーというものは、解決が非常に困難な世界的課題を真剣に解決しようとし、それが何百万人もの人々の最高の価値観を満たす。

・世界的課題に対して、革新的な解決策を持っている人を探し出し、提携する。自分に答えがなければ、答えを持っている人、その問題解決に最も心を動かされる人、その問題に対してクリエイティブな人、そして、そのような世界的課題の解決が最高の価値観である人を探す。

・顧客の最高の価値観やインスピレーションに訴える。すると彼らは、あなたの商品を購入したいと思い、友人や知人にあなたを紹介し、あなたの社会的あるいは企業家としての目的を一緒に果たす力になってくれる。人は自分の価値観を満たすためなら、何でもやるのだ。

・自分の富の形成に関わるすべての人に正当な報酬で報いる。彼らは、自分の最高の価値観が満たされると同時に、正当な報酬が支払われることを望んでいるし、それに値すると思っている。

経済的成功者の特性が自分にあることを認める

価値観の優先順位の中で、富の形成のランクを上げ、富を形成するためのマインドセットの裏にある秘訣を理解したら、次のステップは、経済的な成功者が持つ特性を自分が持ち合わせていることを認めることだ。

成功者は、自分にはない特性を持っていると信じているかもしれない。しかし真実は、その経済的な大成功者に認めるポジティブに称賛する特性も、ネガティブに嫌っている特性も、すべてあなた自身の中にあるのだ。

実際、人が他人の中に見るすべての特徴や特性は、それが称賛であれ、さげすみであれ、自分の中にも等しく存在している。

このことは「ブレイクスルー・エクスペリエンス」セミナーを通して、過去数十年間、世界中で何万人もの人々に提供し、証明してきた。

もしもあなたが、自分には大成功者と同じ特性を持ち合わせていないことを理由に、自分が莫大な富を築くことができないと思っているのだとしたら、この原則は非常に重要な意味を持つ。

または、富にまつわるネガティブな特性を持ちたくないために、莫大な富の形成を避けている人もいるのかもしれない。
しかし、人が持つ称賛に値する特性、また、卑劣な特性は、富の形成に関係なく誰もが両方備えていることを知れば、富の形成が自分の最高の価値観を満たすとわかったときそれまでの観念から解き放たれ、富の形成に向かって自由に行動できるようになる。

【エクササイズ2】経済的成功者の特性を自分の中に認める

自分が尊敬する伝説的な投資家、起業家、大富豪が持つ特性は、実は自分の中にすでに存在している。次のエクササイズで、そのことを理解しよう。

●インストラクション

【ステップ1】 自分が称賛し、将来そうなりたいと憧れる経済的成功者を三人あげる。

1

2 ＿＿＿＿
3 ＿＿＿＿

【ステップ2】 その三人について調査をし、あなたが素晴らしいと思う称賛すべき特性と、嫌いな特性を5個ずつあげる。

【称賛する特性】

【一人】

1 ＿＿＿＿
2 ＿＿＿＿
3 ＿＿＿＿
4 ＿＿＿＿
5 ＿＿＿＿

【二人】

1 ＿＿＿＿
2 ＿＿＿＿
3 ＿＿＿＿
4 ＿＿＿＿
5 ＿＿＿＿

【三人】

1 ＿＿＿＿
2 ＿＿＿＿
3 ＿＿＿＿
4 ＿＿＿＿
5 ＿＿＿＿

【嫌いな特性】

【一人】

【二人】

【三人】

1 ＿＿＿＿＿＿　1 ＿＿＿＿＿＿　1 ＿＿＿＿＿＿
2 ＿＿＿＿＿＿　2 ＿＿＿＿＿＿　2 ＿＿＿＿＿＿
3 ＿＿＿＿＿＿　3 ＿＿＿＿＿＿　3 ＿＿＿＿＿＿
4 ＿＿＿＿＿＿　4 ＿＿＿＿＿＿　4 ＿＿＿＿＿＿
5 ＿＿＿＿＿＿　5 ＿＿＿＿＿＿　5 ＿＿＿＿＿＿

【ステップ3】　ディマティーニ・メソッドの一部を使って、ステップ2で挙げた成功者三人それぞれの称賛する特性、嫌いな特性について、あなた自身が彼らと全く同等に持っていることを確信できるまで、ワークをする。

彼らの特性を完全に自分の中に見いだすことができたとき、あなたの活躍のフィールド、規模は大きく変わる。特性を見いだそうとするとき、人生の7つの領域を見渡すと見つけやすい。

あなたが相手に見いだすものは、必ず自分の中にあるものであることを知って、ワークを行なって欲しい。

さて、その成功者の特性は、あなたが、どこで、いつ、どのように示しただろうか？

三人の成功者それぞれに対して、称賛と嫌悪の特性を、どこで、いつ、どのように示したかを考えよう。

　一人につき10個、三人で30の特性をあげることになる。この30の特性のすべてが、自分の中にも１００％存在すると思えるまで、この作業を続ける。その答えは、一つの特性に対して、20個かそれ以上になる。

●称賛する特性1

【どこで?】

1
2
3
4
5
6
7
8
9

【いつ?】

1
2
3
4
5
6
7
8
9

【どのように?】

1
2
3
4
5
6
7
8
9

10

●称賛する特性2

【どこで?】

1
2
3
4
5
6
7
8
9
10

10

【いつ?】

1
2
3
4
5
6
7
8
9
10

10

【どのように?】

1
2
3
4
5
6
7
8
9
10

●称賛する特性3

【どこで?】

1

2

3

4

5

6

7

8

9

10

【いつ?】

1

2

3

4

5

6

7

8

9

10

【どのように?】

1

2

3

4

5

6

7

8

9

10

●称賛する特性4

【どこで?】

1

【いつ?】

1

【どのように?】

1

2
3
4
5
6
7
8
9
10

●称賛する特性5

【どこで?】

1
2
3
4
5
6
7
8
9
10

【いつ?】

1
2
3
4
5
6
7
8
9
10

【どのように?】

1
2
3
4

5
6
7
8
9
10

●嫌いな特性1

【どこで?】

1
2
3
4
5
6
7

5
6
7
8
9
10

【いつ?】

1
2
3
4
5
6
7

5
6
7
8
9
10

【どのように?】

1
2
3
4
5
6
7

8
9
10

●嫌いな特性2

【どこで?】

1
2
3
4
5
6
7
8
9
10

8
9
10

【いつ?】

1
2
3
4
5
6
7
8
9
10

8
9
10

【どのように?】

1
2
3
4
5
6
7
8
9
10

●嫌いな特性3

【どこで?】

1
2
3
4
5
6
7
8
9
10

【いつ?】

1
2
3
4
5
6
7
8
9
10

【どのように?】

1
2
3
4
5
6
7
8
9
10

●嫌いな特性4

【どこで?】

【いつ?】

【どのように?】

1
2
3
4
5
6
7
8
9
10

●嫌いな特性5

【どこで?】

1
2
3

1
2
3
4
5
6
7
8
9
10

【いつ?】

1
2
3

1
2
3
4
5
6
7
8
9
10

【どのように?】

1
2
3

4
5
6
7
8
9
10

4
5
6
7
8
9
10

4
5
6
7
8
9
10

億万長者の特性

以下は、多くの億万長者に共通の主要な特性である。大事なことは、自分の中にこれらの特性を探し、発見することだ。実際あなたはすでに、億万長者との共通点を自分が思っている以上に持っているものだ。

1　億万長者は、自分が裕福になる定めにあることを知っている。裕福であることは、彼らの最高の価値観と合致している。

2　億万長者は、シンプルで質素で小さなサービスの提供をゼロから始め、根気よく、キッチリと提供を続け、富の形成に向かって働き続ける。彼らは、彼らの最高の価値観と合致した生き方をすることで、お金のモメンタム（勢い）を築いている。

3　億万長者は大きく考え、サービスを通じた富の形成を切望し、そして卓越したサービスの提供を望む。他人からの制約が、彼らの行動を妨げることはけっしてない。自分の価値観を他人の価値観の下に置くこともない。

4　億万長者は、可能な限り大きなリスクを取り、リスクマネジメントを行ない、自分はもちろん、他人のお金に対しても同じことを行なう。お金のリスクと報酬の話になると、注意過剰の兆候が現れる。

5　億万長者は、試練を自ら求め、愛し、どん底を乗り越えて成長し、競争力を持ち、タフになる。彼らは、支援と試練のバランスを糧に成長する。

6　億万長者は、ビジネスの効果、効率性を高めようと努力する。

7　億万長者は主軸となる専門分野に集中し、それ以外の副次的な機会に煩わされることはない。

8　億万長者は、精力的に自分の目的、ビジョン、インスピレーション、天命、名を残すことを動機として長時間の仕事を惜しまず、継続的に戦略を修正していく。

9　億万長者は、チャレンジ精神旺盛だが、現実的で達成可能な目標を設定する。

10　億万長者は、革新的なビジョナリーであり、批判を受けて成長し、時には批判から啓示を得ることもある。

11　億万長者は、暖かい言葉も、厳しい言葉もフィードバックとして捉える。つまり、支援と試練のバランスを受け入れる。

12　億万長者は、強い意志を持ち、自らに課した厳しく妥協のない基準を持つ。自分の資産総額や失費に対しても厳しく注意している。それは彼らの最高の価値観と合致しているから、その基準をさらに厳しくあげていくことができる。

13　億万長者は、自分自身と自分の哲学に忠実だ。

14　億万長者は、自分を信じており、自分に自信があり、お金に関する天命に対して責任を持ち、自分が信じることにこつこつと励む。

15　億万長者は、忍耐強く、意志が強く、タフで、そして頑固だ。

16　億万長者は障害と試練をチャンスに変え、白旗を振って降参することを拒否する。

17　億万長者は、長期的な時間軸を持ち、おそらく死の瞬間までの長期スパンで物事にコミットする。

18 億万長者は、いわゆる失敗から素早く何かを学ぶ。そして革新的で、常に成長を続けている。

19 億万長者は、ストレス、プレッシャー、そして不確実性を糧に成長する。

20 億万長者は、いったん裕福になるとお金を稼ぐことには興味がなくなり、稼いだお金をサービスの向上に使うようになる。

21 億万長者は、ビジネスゲームをして、取引を成立させることが好きだ。

22 億万長者は機会を捉えて人々に解決策を提供し、人々の問題を解決する方法を常に考えている。

23 億万長者は、大衆がリスクをとって代償を支払ってくれるのを確認しつつ、機を見てレバレッジをかけた投資資金を管理し、有利にお金を稼ぐ。

貯蓄と投資

私は皆さんに、富を築くための現実を理解して欲しいと思っている。そのための最初のステップは貯金だ。投資がそれに続き、分散資産の構築が続く。それがうまくいったら、投機もありだろう。

ほとんどの人は、請求書の支払いをすませ、借金の支払いをし、生活に余裕ができるまで貯蓄を先送りする。しかしながら、生活に余裕が生まれる時期というのはまず来ないと思ってよい。しかしそれでも、貯金をすることはいつだって可能なのだ。パーキンソンの法則が明らかにしているのは、お金を貯蓄したり、優先度の高い蓄財手段に投資しなければ、お金は自然と優先度の低い娯楽や、予期せぬ請求書や、富を破壊するものに消費されてしまうということだ。

私がこのことに気づいたのは20代の頃で、そのときから貯金を始めた。自分がサービスを行ない、貯蓄し、投資することに現実的になれるには、どの程度の純利益が必要なのかを計算し始めた。それが、私のビジネスと蓄財の始まりだった。

当時、私は請求書の支払いが遅れることを怖れる日々を送っていた。20代で駆け出しのカイロプロテクターだった。

自分のクリニックを大きくしたばかりで、家、車、そして学校に行ったりクリニックを成長させるために組んだローンの支払いに追われていた。

加えて、人生に対するストレスを山ほど抱えていて、とても貯金などする余裕はないと考えていた。多くの人と同様、私も「すべての借金を払い終わったら貯蓄を始めて、いつかは投資をやろう」と考えていた。

しかし、そのような幻想に惑わされてはいけない。貧窮しているような人が、そのような考えを持つ。

お金持ちはまず、自分に支払いをする。しかし、貧窮している人たちは、最後まで自分自身に支払いをしない。貧しい人は、自分を低く評価する。自分が自分自身を高く評価しているかどうかを知る一つの方法は、最初に自分自身に支払いをしているかどうかだ。

最終的に私は、貯蓄を開始することのリスクは何もないことがわかった。もちろん、インフレとか、投資しないことの機会損失の可能性はあるにはある。

しかし、貯蓄することで考えられる最悪の事態は、収入が思ったより低かったり、緊急でお金が必要になったときに、請求書や借金の支払いができなくなることぐらいだった。だから私は、「やろう」と決めた。

１日10ドル。１週間で50ドル。１カ月２００ドルから貯金を始めた。依然として不安だったし、金額も少なかったが、ともかく私は、どうにかして貯金を始めたのだ。

最初の月、最後まで私はやり遂げた。次の月もやり遂げることができた。３カ月が過ぎ、貯金するお金がなくて不自由することもなかった。

さらに、驚くべき良いことが起きるようになった。臨時の患者が来るようになった。夕食をおごってくれる人が現れた。どういうわけか、私はお金に余裕ができていた。それで、自分にこう言った。

「２００ドル貯めることにも慣れてきたし、もっと貯められるはずだ。３００ドルまで増やしてみよう」

そして３カ月が過ぎた。自分にまたこのように言った。

「どうやら貯金に回した分のお金がなくても困ることはないようだ。新規の患者さんも増えているし、他のビジネスチャンスも現れ始めている」

私は、それから貯蓄額を５００ドル、７５０ドル、１０００ドルと増やしていった。

私は、トンネルの終わりに光を見いだし始めていた。そして、興味深いチャンスがいくつも現れてきていた。自分のビジネスが大きく安定してきていることに気づいたのだ。

流動資産である現金が増えたので、不安も収まってきた。顧客の質が良くなってきた。関わる人たちの質が変わった。より上のクラスの人たちと交流するようになっていた。

その結果、自分により自信を持てるようになった。自分が本当に共感できない患者には、「他に行ってください。そのほうが、より高いサービスを受けられますよ」と言えるようになった。

同時に、自分の患者に対しては、より質の高いケアを提供できるようになった。顧客が増え、さらに多くの貯金ができるようになった。そして投資を始めることができる程度に貯金は増えていた。

私は貯蓄を増やし投資に向けるお金を増やし続けた。2倍に増やしたことも何度もある。自分のお金を賢く管理すれば、管理するお金をより多く引き寄せるようになる。

それからは、よりいっそう、徹底的にお金や投資のことを勉強し始めた。つまり、お金の価値、管理方法、投資方法を勉強し始めたのだ。

すべては、貯金することから始まったのだ。それが、私がまず貯金から始めるようにアドバイスする理由だ。

安定的な貯蓄のクッションを構築しておけば、追加収入を投資に回せるし、その上で投機も可能になる。

しかし、投資は、そしてギャンブルも、まずは自分のビジネスを安定させる流動資産、つまり貯金から始めるべきだ。

あまりに多くの人が、投資やギャンブルを無分別に行なっている。投資もギャンブルも、時として儲けることがあるが、大損もする。

私は、自分のお金をそのように扱うことはけっしてないし、本書を読んでいるあなたにも、自分のお金をそのようには扱って欲しくない。

さて、ビジネスで生み出したお金を貯蓄し、投資を始めれば、どんなことが起きるか？　関わる人が、丸ごと新しくなるのだ。10ドル貯金すれば、10ドル持っている人との付き合いが始まる。

１００ドル貯金すれば、１００ドル持っている人たちとの付き合いが始まる。１０００ドル貯金すれば、１０００ドル持っている人と。１００万ドル貯金すれば、１００万ドル持っている人との付き合いが始まるのだ。

富が構築されることで、生活環境も変化する。貯蓄をすれば、複利でお金は増え続ける。しかし、最高なのはそこではない。蓄財は、自分の人間関係、チャンス、アイデア、顧客の質、顧客同士のネットワークなどを拡大させてくれることだ。

一生、お金のために働かなければならないならば、あなたはお金の奴隷となる。自分のためにお金を働かせるようになれば、あなたはお金のマスターになれる。

しかし、お金を貯めて投資を始めるまで、お金があなたのために働くことはけっしてないのだ。最初はゆっくりだが、やがて人生に大きな金銭的変化が生まれる。だから、すぐにも貯金から始めてみるべきだ。

鍵は、貯金する金額ではない。貯めて投資する習慣だ。自分の価値観の優先順位リストで、蓄財がより上位にくれば、蓄財のためのビジョンはより明確になり、忍耐力は増す。これが、バリュー・ファクターの威力である。

あなたはすでに億万長者

私がセミナーで語るたびに、参加者が驚く話がある。それは、誰もがすでに10億ドルの価値の「富」を持っているということだ。それは、いわゆる資産やお金という形ではないかもしれないが、誰もがすでに億万長者なのだ。

もっと正確に言えば、誰もが自分がすでに持っている「10億ドルの資産」をお金に換えるチャンスを持っているということである。

あなたは、自分が最高の価値を置いている分野である貯蓄、投資資産、子どもたち、友情、職業などに10億ドルに値する富を築いているのだ。

知的所有権の形で富を有する人もいれば、商品化すれば大ヒット間違いなしというような、素晴らしいアイデアで富を持っている人もいる。

社会的な人脈、ネットワーク、人々への影響力という形で富を持つ人もいる。ただ、そうした資産価値を現金化していないだけなのだ。

デートをするのに何百万ドルも必要な、魅力的な容姿を持つ女性もいる。私の知人の女性は、その美貌と自信ゆえに、金持ちなのに社会的な地位が高い男性でなければデートしない。5億ドル以上の資産のある男性としかデートしないのだ。彼女の（10億ドルの）富は、美貌、スタイル、ファッションセンス、立ち居振る舞いとして現れている。

世の中には、勉強に膨大な財産を費やし、それをけっして現金化しない人たちがいる。健康に膨大なお金をかけるが、それをけっしてお金に換えない人もいる。莫大な資産価値のあるスピリチュアルな気づきを得ている人もいるが、それを使って商売したりはしない。一方で、金銭的な富に価値を置いている人は、自分のさまざまな形での「無形の財産」をお金に換えて、莫大な資産を築く人もいる。

このように、潜在的には誰もが富を有しているのだが、自分の価値観の優先順位が、あなたの経済的な状況を決定づけるのである。

富の形成に高い価値観があれば、現在の形の自分の富を、即座に貯蓄や投資資産の形に変換できる。それが本章のエクササイズ1の目的であったわけだ。

あなたがお金以外の形で築いた富は、どんなものでもお金に変換できる。知的財産、スピリチュアルな能力、美貌、そして家族関係であれ、あなたが価値を置く分野に築いた富は何でもお金に換えることができる。

しかし、そのためには貯蓄や投資、蓄財により高い価値を置くように、価値観の優先順位を変更する必要がある。そうでないと、経済的な富を得ることはない。

私の知人に、世界中にリスナーを持つラジオ局のオーナーがいる。毎日５５００万人以上の人たちが、彼のトーク番組を聞いていた。

しかし彼は、貯蓄や投資に高い価値を置いていなかったので、ラジオ局を運営するために、常に寄付を集めなければならなかった。

彼は、知的財産に価値を置いていて、過去48年間に取材した世界で最も有名な人たちに対するインタビュー音源を膨大に保有していた。

それは、どう考えても10億ドルの価値があると思われた。私たちは共同で、そのインタビュー音源をパッケージ商品にした。

富をどの分野に築こうと、そこに良い悪いはない。ただ、自分の富をお金に結びつける価値観を持っていないのに、ある日突然、自分の富が現金などの流動資産、あるいは投資資産に変わるといった幻想を抱かないことだ。そうでないとがっかりするだけだ。

次のエクササイズは、これまで思ってもみなかった資産、つまり、自分の富を、貯金や投資資産に変える可能性を見つけ出すためのものだ。

【エクササイズ３】自分の隠れた資産を発見する

自分の隠れた資産を発見するために、人生の７つの領域を丹念に調べて欲しい。

７つの領域とは、スピリチュアル、知性、仕事、お金、家族、社交・人間関係、そして身体・健康の７つだ。

たとえば、私の場合、スピリチュアルの領域での資産は、現実の法則や神秘学的形而上学的な知見と理解、あるいは人生のさまざまな経験に対する感謝の気持ちをあげるだろう。

知性的な領域での資産では、悲しみや対立を解決するディマティーニ・メソッドという知的財産、富の形成に関する理解。

仕事における資産としては、経営マネジメントのスキル、仕事上の人脈、自分のブランド価値が持つレバレッジ効果などだ。これらの資産は、何百万ドルもの価値を持っている。

このエクササイズを通して、実際には現金や投資に変えるかどうかは別として、どの資産が何百万ドル、もしかすると何十億ドルもの価値を持っているか、考えて欲しい。

●インストラクション

人生の7つの領域のそれぞれについて、自分の隠れた資産を書き出す。それらの資産は、ほとんどの場合、自分の最高の価値観を置く分野に隠されている。

1　スピリチュアル

1
2
3
4

2　知性

1
2
3

4

3 仕事

1

2

3

4

4 お金

1

2

3

4

5 家族

1

2

3

4

6 社交・人間関係

1

2

3

4

7 身体・健康

1

2

3

4

最高の価値観が鍵

2、3年前、ロサンゼルスで「ブレイクスルー・エクスペリエンス」セミナーを行なったときのこと。終了後、一人の女性がやってきた。
「ドクター・ディマティーニ、質問があります。私は、長年ビジネスをしてきましたが、最近頭打ちな状況です。

この困難を乗り越える方法がわからないし、利益は減り続けている中、諸経費だけが増え続けています。何とかしたいのですが、力を貸していただけませんか？」

私は「もちろん」と答えた。そして「あなたの人生において、最も大切なものは何ですか？」と質問した。

「娘です」と彼女は答えた。

私は、ちょうど彼女を迎えにきたばかりの19歳の娘さんに「私と一緒に来てください」と言い、その娘さんと一緒にどこかに行こうとした。すると、母親の彼女が「ドクター・ディマティーニ。どこに行くのですか？」と尋ねた。

私は「あなたの娘さんを拉致するんです。あなたは、自分の人生で最も大切なものは娘さんだと言いましたね？

私は、これから娘さんを誘拐します。そして、あなたがビジネスの売上を倍にして利益を出し、50万ドルを手に入れたなら、娘さんをお返しします。

それまでは、けっして娘さんと会うことはできません」と言った。

そして、彼女の目をまっすぐに見つめ「3カ月のうちに今言ったことができなければ、娘さんは殺されます」と告げた。

彼女は最初、私がまじめに言っているとは理解できなかったが、やがて私のアル・パチーノばりの演技を理解し、言っていることの意味を理解した。

私は彼女に言った。

「娘さんの命を救い、取り戻すたった一つの方法は、50万ドルを手に入れることです。借りても、盗んでも、もらってもダメです。

自分のビジネスの規模を2倍にし、50万ドルの利益を上げてください。3カ月の猶予を与えましょう。娘さんが殺されて、二度と会えなくなるとわかっていたら、あなたは私の要求に応えることができるでしょうか？」

「もちろんです。私を邪魔するものは、何もありません」と彼女は言った。

そこで彼女に「さっき、あなたは何を考えましたか？」と尋ねると、「驚きました。娘を殺すと言われた瞬間、私はビジネスで顧客やお金を増やすために、即座に実行できる方法を考えていました」

これが証拠だ。革新的な著書『思考は現実化する』の著者ナポレオン・ヒルが言うように、何かを行なうためには燃えるような願望があれば、そしてそれが人生において最も価値のあることであれば、誰かからの指図や動機づけは不要だ。

人はただ自然に、それを行なう創造的なやり方を思いつくだろう。

だから、富を蓄積するためには、富の構築に心から価値を置くことが重要だ。お金儲けに対する罪や恥の意識を捨て、自分がなぜこのビジネスを築きたいのか、なぜ富を築きたいのか、その理由を、１２０個書き出すことだ。

それができて初めて、富を築き、経済的自由を獲得し、真に充実した人生を送るための基礎ができたことになる。これもまた、バリュー・ファクターの持つ力だ。

第9章

影響力の拡大

我々は理由があって、ここにいる。
私は、少しの大義が、
小さな松明となり、
暗闇から人々を導くことを信じている。

——ウーピー・ゴールドバーグ

あなたの内なるリーダーシップを開花させる！

誰もが、リーダーシップを持っている。カルカッタの最貧スラム街の住人から、イギリスのロイヤル・ファミリーに至るまで、誰もがリーダーになるキャパシティ（才能、適性、素質、可能性）を持っている。

問題はそれを覚醒させ、持って生まれたリーダーとしての才能を開花させられるか、それとも見逃し眠らせたままにするかだ。

ほとんどの人が、世界を変えたい、人々の記憶に残るほど価値のある存在であると認められたい、そして後の世代に遺産を残したいと考えている。自分のことなど忘れて欲しい、どうでもいいと思われたいという人はあまりいない。

世界に偉大なサービスを提供すればするほど、その人の影響力は強まり、歴史に名を残す可能性が高まる。自己重要感のためではなく、高い充実感と貢献のためにそう願う。

ここで、影響力とリーダーシップについて考えてみよう。あなたは、どのレベルの影響力、そしてリーダーシップを持ちたいだろうか？

あなたがなりたいのは、企業家、政治的リーダー、予言者、慈善団体や財団の創設者、芸術や芸能界のリーダー、最先端の科学者や発明家、教育者、医学者、流行の仕掛け人やデザイナー、精神的なリーダー、どれだろう？

あるいは、家族、職場、地域コミュニティなどの、もっと小さい、個人的なリーダーだろうか？

自分がリーダーシップを及ぼす範囲が大きいか小さいか、世界的か個人的か、いずれの場合も、自分の最高の価値観と合致させることで、人の本質である内なるリーダーシップが開花し、発揮される。

最高の価値観とは、その人の人生の目的、あるいはミッションとも呼ぶべきものだ。

自分の道をブロックする7つの怖れ

世界中の誰もが、その人独自のミッションを持っている。自分のミッションなんてわからないとか、少なくとも明確ではないと思う人もいるだろうけれど、実はそれは静かに心の奥深くで、外に出ることを切望している。

もし、自分のミッションが明確ではなかったり、隠れたミッションに心動かされるようなリーダーではないと感じるならば、次にあげる怖れが、あなたの可能性をブロックしている可能性がある。

1　スピリチュアルな権威を背景とした道徳や倫理に反する怖れ

今までに何かをしようとして、「スピリチュアルな権威」を気にして、やらなかったことはあるだろうか？

スピリチュアルな権威、つまり、偉大な宗教家や大きな宗教団体の幹部、自己啓発界のカリスマ的人気講師、ヒーリングや神秘主義やアニミズム、一部の環境活動といった世界でのオピニオンリーダーたち、あるいはその教義のことだが、そのような人たちや彼らの信者から何か言われたり、批判されたり、そのコミュニティから爪弾きにされるのではないかと考えて、やろうとしたことをやめたという経験はないだろうか？

これは、自分の最高の価値観を、スピリチュアルな権威の下に置いたか、自分の最高の価値観は何かと、考えることを放棄したことを意味する。

承認されないことへの怖れ、拒否されることの怖れ、爪弾きにされることへの怖れに、萎縮してしまったというわけだ。

おそらく、そのときのあなたは、両親から教えられたスピリチュアルなルールに従おうとしただけだったのだろう。このことについては、おもしろい事例がある。

七面鳥を料理するときに、いつも足を切り落としていた女性がいる。彼女の母親、祖母、曾祖母もそうしていた。

しかし、曾祖母以外誰も足を切り落とす理由を知らなかった。ただ、彼女は母親が、母親は祖母が、祖母は曾祖母がそうしていたから、同じようにしていただけだった。ある日、彼女たちは曾祖母にその理由を聞いてみた。曾祖母はこう答えた。

「それはねえ、私が若い頃は、小さなオーブンしか持ってなくてね。足を切り落とさないと、七面鳥が入らなかったのよ。今は大きなオーブンがあるから、切り落とす必要はないわよ」

つまり、その後三世代にもわたって、単に「ウチではこうしてるから」というだけの理由で、七面鳥の足を切り落としていたのだ。誰もその本当の理由を、曾祖母に聞こうとはしなかったばかりに。

この家族のように、あなたもスピリチュアルな教義、原則に縛られて、自分の本当の価値観をないがしろにしていないか、はたまた自分の最高の価値観に合致しているか、自分自身に問いかけてみて欲しい。

スピリチュアルの伝統の中には、価値ある教え、原則、指針が数多く存在していることは否定しない。しかし、それらの伝統的な考え方や価値観が、自分にとって本当に意味のあることなのか、改めて問い直してみることをお勧めする。

逆説的になるが、偉大なスピリチュアルリーダーたちは、彼ら以前のスピリチュアルの教義や伝統には縛られなかった。

それらを、自分の価値観より上には置かなかった。彼らは、彼ら独自の本質的な、心揺さぶられるビジョンを持ち、その心の松明《たいまつ》が、多くの人に受け継がれていったのだ。

もし、スピリチュアルな伝統の創始者を崇拝しているなら、その創始者たちの特性は、自分自身の内にもあることを理解して欲しい。彼らの影となって生きるのではなく、彼らの肩に乗って欲しい。

そして、やみくもにその教義を信奉するのではなく、彼らに従属するのでもなく、その教義について今一度、考え直してみて欲しい。考え直した上で、それが自分にとって真実だと感じることができれば、それを取り入れ、共に生きていけばいい。

ただ、単純にそうしろと書いてある、そうしろと言われたからというだけの理由で、何の疑いもなくやるという生き方はしないで欲しいのだ。

あなたを感動させたスピリチュアルリーダーのように、あなたも自分自身の内なる真のリーダーシップに気づき、それを表現して生きて欲しい。

あなたが自分の最高価値に生きるとき、ミッションとともにあなたの中からリーダーシップが表出する。過去に偉大なスピリチュアルリーダーが存在したように、私たち自身がそれを生み出せない理由はないのだ。

2　知性の不足への怖れ

リーダーとしての知性に欠けるという怖れから、人の本質とも言えるリーダーシップが発揮できていない場合がある。

あるいは学歴や資格、バックグラウンドがないことへの怖れもあるだろう。学歴がないことは、リーダーとなることを妨げない。しかし、学歴がないことへの怖れは、二の足を踏む要因となる。

学歴や資格がなくても、歴史を変えた人物は多い。そもそも博士号などというものは、他人の人生を少しばかり勉強すれば、簡単に取れてしまうものなのだ。

大学を卒業して2年も勉強すれば修士号が取れるし、さらに2年勉強するだけで博士号が取れる。

つまり、大学卒業後、4年程度の勉強で博士号は取れるのだ。あなたが30歳なら、博士号7つ分に相当する経験を持っているし、70歳なら博士号17個分だ。

だから、ぜひ鏡の前に立って、自分自身に言ってあげて欲しい。

「私は驚くほど知的である。私の人生は、たくさんの博士号を与えてくれた」

高い学位を取るなと言っているわけではない。私自身、大学や他の専門機関で約10年間、プロフェッショナルトレーニングを受け、その後もさまざま形で高等教育を受けてきた。

独学であれ、誰かに教わるのであれ、教育を受けることは大賛成だ。しかし、どこそこの学校の卒業証書がないとか、資格がないからといって、自分の夢をあきらめないで欲しいのだ。

なにしろ、多くの学校が学生に課している基準は、あなた自身が自分に課している基準より低い。アイビーリーグの大学でさえ、学生に求めるレベルは、ビジネスのプロに要求されるレベルをはるかに下回る。

だから、学歴がないことを怖れる必要はない。最低限の基準に合わせるのではなく、自分の最高の夢を目指して欲しい。

世の中には、高校をまともに出ていなくとも、億万長者、数十億万長者、あるいはさまざまな分野での世界的リーダーとなった人は数多い。スティーブ・ジョブズもビル・ゲイツも、大学中退組だ。

私は、学士号や博士号を取る前から、そのような偉大なリーダーの仲間に入ることを夢見ていた。自分のすべてを投じてこの地球に大きな貢献ができる人間になりたかったからだ。曖昧な貢献ではなく、歴史に残るような貢献がしたかった。

そのための、最も効果的な方法は、自分自身の本質を生きることだ。まず立ち上がり、思い込みでしかない自分自身への制約を打ち破ることだ。

必要なことは、自分の奥深くに眠る素晴らしい資質、他とは一線を画する類いまれな個性、唯一無二のリーダーとなる力に気づくことだ。

自分より知性があると思っている人物の特性が自分にもあると知り、自分のミッション（つまり自分の最高の価値観の反映）にフォーカスして生きるなら、知性や資格、学歴などに対する怖れが払拭され、強い影響力のある内なるリーダーシップを発揮できるだろう。

3　失敗に対する怖れ

私の辞書に「失敗」という言葉はない。多くの人が失敗と呼ぶものは、単なるフィードバックだ。本当に心動かされ、最高の価値観に従った行動であれば、人はけっしてあきらめることはない。あきらめなければ、「失敗」は存在しない。人生の目的を追い求めていれば、倒れることは一度や二度、いや何度もあるだろう。

しかし、ミッションに生きる人は、何度倒れても、そのたびに立ち上がり、自分の道を歩み続けるのだ。

もし、倒れてしまったけれど、起き上がることができなかったら？　それはギフトだと知ることだ。

なぜなら、再び立ち上がる気が起きないということは、その先を進むことが自分にとって実はそれほど重要ではないということを、教えてくれているからだ。

人は、自分にとって本当に重要なことは、けっしてあきらめない。あきらめるのは、自分にとって本当に重要ではないことだ。

失敗とは、自分の最高の価値観と一致しない分野で、何かを達成することを自分に課してしまい、それが達成できなかったときに、ダメだったと自分自身に貼るレッテルでしかない。その達成への期待は幻想だったのだ。

なぜなら、あなたは自分自身に、自分の最高の価値観の外に住むことを期待していたからだ。そんなことが持続できるはずがない。

一見、失敗と思えるものは、本当は重要ではない目標をさっさと捨て、自分にとって本当に重要な意味のある目標を再設定するよう駆り立てるフィードバック以外のなにものでもないのだ。

目標設定の達人たちは、普通の人よりも数多くの失敗を経験している。しかし、彼ら自身はそれを失敗だとは考えていない。

単に、何が良くて、何が悪かったかという情報だと捉え、最も重要なものが何かを考え直し、目標を見直し、修正するためのフィードバックだとしか思っていない。

目標設定の達人たちは、転ぶたびに世界は自分のために働いてくれていると悟り、再び立ち上がるのだ。

もし、失敗の怖れが何かに着手することを妨げているのであれば、解決策は簡単だ。自分が最も価値を置くものと、自分のミッション、最高の価値観、そして目標がすべて一本のライン上にあるかを再確認すればいい。

そして、少なくとも200の方法をあげて、その目標を達成することが、自分の最高の価値観を満たすための助けになっていることに気づいて欲しい。最高の価値観を求めているとき、人は喜びと痛みの両方を経験することを厭《いと》わない。

そして、いわゆる失敗は、一時的なフィードバックだと考える。何度でも言うが、ここでも、バリュー・ファクターが鍵となる。

4　お金を失うこと、十分に稼げないことへの怖れ

お金は無限であり、無尽蔵に存在している。しかし、その無尽蔵のお金にアクセスするために、多くの人が必要としているサービスを提供することに魅力を感じない人たちがいる。

そういう人たちには、そうしたサービスを提供するための創造性やアイデアは生まれない。

一方で、他の人々のことを広く気にかけて、必要とされているサービスを提供する人たちも

いる。そのような人は、無尽蔵のお金の貯蔵庫へのアクセスが許される。

お金の無限の源泉は、どこか遠く離れたところにあるわけではない。本当の自分を生きていれば、お金は引き寄せられて向こうからやってくる。

何もサービスを提供せず、お金の価値と目的を評価せず、自分自身を高く評価しないことが、自らをお金から遠ざけることになる。

提供するサービスが素晴らしければ素晴らしいほど、より多くのお金を生み出すことができる。お金の価値を評価すればするほど、より賢明にお金を管理し、貯めることができる。

あなたがもし、貯蓄や投資をしていないなら、第8章に戻り、富の形成の目標を、自分の最高の価値観にリンクして欲しい。今、お金を生み出したり、受け取ったりしていない場合は、自分がサービスを提供していない相手は誰だろうと考えて欲しい。

5　愛する人を失うこと、畏敬することへの怖れ

多くの人が、自分が最高の価値観を生き、影響力のあるリーダーになろうとすると、配偶者が自分の元を去るかもしれない、子どもたちから嫌われるかもしれない、あるいは両親から勘当されるかもしれないと怖れている。

このような怖れを抱いているなら、自分の本当の価値観が何なのか、じっくり考えてみるこ

とをお勧めする。

最高の価値観が、自分の家族だという人もいる。私がフロリダでワークした女性は、長い間、自分でビジネスを始めたいと望んでいたが、結婚し次々と子どもが生まれたので、その夢を果たせていなかった。

彼女は、自分のビジネスに対して空想を抱き続けていて、未だに実現していないことに自分を責めていた。子どもたちが成長したら、ずっとあたためてきた自分のビジネスを始めようと、心に秘めて生きてきた。

そうして20年が過ぎた。子どもたちは成長し、全員が大学生になった。もう、面倒をみる必要はなくなっている。しかし、彼女はこう言った。

「今は子どもたちの人生が心配で、自分のビジネスを始めることなんてできない。それに、もう年をとってしまったし」

私は彼女に、何かを始めたいと望んで結局はやらなかったことについて、どう感じているか聞いてみた。

「自分が落伍者のように感じます」と彼女は言った。

私は首を横に振り、こう言った。

「これが本当に意味することは、あなたの最高の価値観は子どもたちだったということです。

あなたのビジネスは、あなたが本当に最高の価値を置くものではなかったのです。もしそうだったら、ずっと前にビジネスを始めていたでしょう。非現実的な期待で自分自身を拷問にかけるより、自分の生涯で最も大切だったのは子どもたちで、それでいいのだと認めてはいかがですか？

あなたに、人生の失敗は何もありません。あなたの最高の価値観は、20年にわたってあなたの人生を支配してきました。あなたの人生は、あなたの最高の価値観を体現しています。

もし、自分の人生に満たされないものを感じているとしたら、それはビジネスをやらなかった、やり損ねたからでなく、自分の人生を正当に評価していないからです。

自分の本当の価値観の外に目標を設定し、それを達成することを自分自身に期待しているからそうなるのです」

この女性同様、読者であるあなたも自分のこれまでの人生は自分の何を表現してきたかを自問し、考えてみて欲しい。

愛する家族は、本当に最高の価値を置くものだったのか？

社会的理想主義や権威団体、または愛する誰かの価値観を自分に取り込んでこなかったか？

それを「達成すべき」だと思っているのに、その目標を実際には追求していない？

その目標に向かって行動できていないのは、子どもたちとか他の価値観とか、もっと大切な何かがあるからなのだ。

誰かを称賛したり、夢中になったり、または愛する家族より自分を低く位置づけてしまうと、彼らの価値観に反したとき、彼らになんと言われるだろう？　という怖れをもって生きることになってしまう。自分を低く見ることをやめるまで、道徳上のジレンマと、内面の葛藤を抱えたまま生きていくことになる。

そして、自分の価値を、彼らの価値観や、彼らから取り込んだ超自我で判断するようになる。しかし、それでも無意識のレベルでは、自分の本当の価値観に従って生きていくのだ。

だから、自分の価値観を認識して、人生をそれに沿って構築すれば、より豊かで充実した人生が送れる。成し遂げたい目標に合致するよう自分の最高の価値観を調整することで、より満足のいく人生を送ることができるようになる。

そうでなければ、本来なら得られるはずの充実感や、インスピレーションを得ることができない、そんな人生を歩むことになってしまうのだ。

6　拒絶されることへの怖れ

これまでの人生で、自分が愛することを仕事にしたり、最高の価値観を追求して生きることを誰かに拒否されることが怖くて、自分の本質であるリーダーシップを発揮できなかったということはないだろうか?

この怖れは強力なので、これにさらされていると、リーダーシップを発揮できないどころか、リーダーになろうということを考えることすらしなくなる。

人は、自分より上位にいると思ったり、頼ったりしている人から拒絶されることを怖れる。

しかし、これらの人たちの中の自分が称賛している特性が、実は自分にもすべて備わっていることを理解した瞬間に、その拒絶の怖れから解放され、さらに大きなステージで活躍する許可を、自分に与えることができる。

ビジョンの拡大は、リーダーシップの可能性を実現するためのキーポイントの一つだ。

私が大学を卒業し、最初に就いた職業はカイロプラクターだ。背骨の治療を専門としたクリニックで、非常に順調にいき、ヒューストンで最も大きな設備を持つクリニックに成長した。だが、あるとき、次のステージに進むべきときが来たと実感した。

第7章で紹介した方法で、優先順位の低い仕事を他の人に任せ、自分自身は最も心動かされる仕事に専念したカイロプラクターを一人雇い、スタッフを増やした。数年かけて、13人の医師を雇い、常時5人体制でクリニックを運営するまでになった。

ほどなく私は、午前、ランチタイム、午後のいずれかの時間で講演をすれば、一日中治療をしているよりも、もっと多くの患者に来てもらえることを発見した。ヒューストン市内で講演をしたり、ラジオやテレビに出演するようになった。

テレビでは「ドクター・ディマティーニのヘルスヒント」という番組を持っていた。そして、自分が最も得意なことは、単なる健康的なライフスタイルの話ではなく、より満たされた生活についての、示唆に富む話だと気がついた。

また私は、自分がまだ自分のサービスを自分のオフィスに限定していたことに気がついた。これ以上、影響力を拡大したいなら、もう一つオフィスを構えるか、他のカイロプラクターたちに自分がしてきたことを教える必要があった。

私が選んだのは後者で、何千人というカイロプラクターに話をし、コンサルティングを行なった。そして、自分の活動を医療分野に制限していたこと、もっと大きな世界の話ができることに気づいた。その道へのドアを開け、突き進むことにした。

今では、何百という業界の企業にコンサルティングを行ないつつ、一度に９０００人くらいのカイロプラクターを相手に話すこともある。以前、自分のクリニックで診ていたときよりも、はるかに多くの患者に影響を与えている。

私の影響力は、自分自身に制限をかけていた手錠を外し、より心躍ることをやると決めたときに拡大した。

怖れ、特に拒絶の怖れの制限を突破し続けたら、何が起こるか？

怖れとは、偏ったものの見方によって形成された単なる非現実的な期待だ。怖れを抱いて未来を想像すると、支援より試練、喜びより痛み、ポジティブよりネガティブ、利益より損失がより多くもたらされると考えてしまう。

しかし、宇宙はそのようなアンバランスは提供しない。ポジティブなしのネガティブは存在しない。

ネガティブなしのポジティブを手に入れるという非現実的な幻想や、ポジティブなしのネガティブしかもたらされないという怖れを抱いている限り、人は動きが取れなくなり、ミッションを追求して前進することなどできなくなる。

「ブレイクスルー・エクスペリエンス」セミナーでは、参加者に自らの人生を思い出してもらい、間違いだったと信じていることのすべてを書き出し、それらの「間違い」が、どのように自分や他人の人生に恩恵をもたらしているか、見つけ出してもらっている。

そうすると、参加者は、人生における重荷や恥、失望として記憶していたものが、実は感謝すべき出来事だったと心の底から理解する。ブレイクスルー体験は、彼らの重荷を溶かして、前進するためのパワーに変える。

そして、未来に対する怖れをブレイクスルーし、過去の経験が、未来の驚くべき体験ための準備だったことを認識するのだ。

これが、拒絶の怖れを克服する方法だ。私たちがネガティブと捉えていることのすべては、常にポジティブな側面を持つことを理解することが大事だ。真実は、怖れることは何もないのだから。

7　ミッションを遂行するために必要な活力、外見、体を持っていないことへの怖れ

これは誰でも持つ怖れだが、特に中年以上の人に顕著だ。しかし、これまでと同様この怖れも幻想に過ぎない。

かつて、私は57歳の女性とワークをしたことがある。彼女は自分の外見と年齢を非常に気にしており、「35歳や40歳の女性と自分を比較できないことはわかっています。でも、彼女たちは、若くてゴージャス。きっと夫はそんな女性に奪われてしまうでしょう。

若い女性は、自分より多くのことを子どもたちにしてあげられるから、私は家族を若い女性に奪われてしまうかもしれません。仕事だって、若くて美しい女性が私が望む昇進をどんどん手にし、職を失いかねない。私は誰と比べても劣っていて勝ち目などない」と嘆いていた。

「ちょっと待ってください。もし、夫や仕事を維持することが本当に大事なら、外見を磨けばいいし、鏡を見るようにすればいい。今のあなたは、若くて美しい女性たちと張り合うための努力を何にもしていない。手頃な料金で、見栄えを良くする方法はいくらでもあります。

そうすれば、どんな女性とも張り合うことができるはずです。もし、あなたが35歳の外見が手には入らないと本気で嘆くなら、なぜボディトレーニングに通ったり、皮膚科や整形外科に行かないのでしょう？　あるいは勉強してスキルを磨こうとしないのですか？」と私は言った。

彼女はぎょっとして私を見た。そして言った。

「でも、そんなことをする必要はないでしょ」

「聞いてください。人は、自分の最高の価値観、若さ、美しさ、知性、そしてスキルといったものに従って生きているのです。

もし、ご主人や雇用主が、あなたが今持っているものに満足していなければ、代わりの人を探すでしょう。現実を直視することが必要です。そしてこれはあなた自身にも言えることです。

たとえ、彼らとの付き合いが長いものであっても、あなたの価値観がそれによって満たされていないときには、あなただって彼らとの関係を考え直すこともあるでしょう。人は他人との人間関係を構築するというよりは、自分自身の最高の価値観との関係を構築するものなのです。それが真実です。

もし、あなたの愛するパートナーが、あなたの最高の価値観を満たしていないなら、あなたは他の誰かのためにドアを開けているはずです。

人間関係とは、他の魅力的な誰かが現れたらそこで崩れてしまうものですが、そうでないのなら、通常は今の関係を維持します。

さて、あなたは家庭や職場での関係を維持したいのですか？　もし、今の関係を維持したいのであれば、力を取り戻すことです。輝くのです。そうすれば、あなたのパートナーや雇用主は、美しく魅力的で、そして生産的に見える人、つまりあなたの周りにいてくれるでしょう。

そして、彼らの価値観に即して、あなたの才能を伝えるコミュニケーション術をマスターしてください。あなたが美しさとスキルを維持すれば、彼らは他の人を見ようとはしないでしょう。

なぜなら、今、手にしているよりも満足いく取引は存在しないからです。あなたが立ち上がり、鏡を見て、『ヘイ、ベイビー！　私って最高！』と言い、心からそう思うことができたら、つまり、今持っているものを誇りに思うことができたら、あなたの周りの世界は、あなたの内面の世界があなたを扱うのと同じように、あなたを扱うようになるでしょう。

でも、もし自分を誰かと比べて矮小化するなら、彼らもあなたを誰かと比べて矮小化するでしょう。あなたは57歳なんです。

もし、35歳や40歳の女性が、あなたより多くのものを持っていると考えているなら、あなたは自分が持っているものを誇りに思っていないことになります。世界は、あなたが自分自身を扱うのと同じように、あなたを扱います。

だから、今できることは、すでに持っているものに感謝するか、若い女性と外見やスキルで戦えるように、魅力を上げるかのどちらかです。

または、あなた自身が独自の形で持つ安定性、知性、経験、そして才能があなたにもたらしている便益を見つけることもできます。私が言っていることの意味がわかりますか？」

私は最初に、彼女が見落としている点を指摘した。そして、外見で勝負しようと思うなら、最小限の努力でできることを理解してもらった。

しかし、もし誰かが持っているけれど自分は持っていないと思う身体的なことに怖れを感じているのなら、それは自分を矮小化していることになる。

時間と空間は人によって異なる

誰もが自分の内に大いなる可能性を秘めている。しかし、誰もがそれを理解し、目覚めさせているわけではない。リーダーとしての可能性を目覚めさせる度合いは、人それぞれ異なる。

だからこそ、会社や行政機関など組織には階層がある。

たとえば、あなたは次の分野でリーダーとして活動しているかもしれない。

家庭
マンションの管理組合や町内会
なんらかのコミュニティや地域団体
市議会
県議会
国会
大臣
大統領や総理大臣など国家元首

これらの団体、組織のリーダーは、それぞれが実現できる度合いが異なる。それは、ビジネスの世界でも同じだ。あなたは、以下のようなポジションで会社をリードしているかもしれない。

工場労働者
スーパーバイザー
課長

部長
役員
代表取締役社長
会長
ビジョナリー
世界から認められた聖人

このポジションの違いは、内に秘める自分の可能性を、どれだけ誇りに思っているかに起因する。聖人と工場労働者の違いは、どれだけ自分の最高の価値観を理解していて、それに従って自分の人生を組み立てているかの違いによる。

リーダーとして高い地位にいる人は、優先度の低い仕事を他人に任せ、自分の才能を開花させることに集中したからそうなれた。

だから、権威のハシゴを駆け上がることができたし、リーダーシップのゲームで頭角を現すことができた。優先度の低い仕事を手放したから、高いもの、つまり自分の最高の価値観に沿ったものに集中できたのだ。

自分がどの分野でリーダーシップを発揮したいか、自分自身でハッキリさせれば、人はとたんにリーダーシップを発揮し、輝き始めるだろう。

リーダーシップのレベルに応じて、空間や時間的な視野に差ができる。より大きな視野に立って物事を見る能力は、より高いリーダーシップを発揮するための、重要な鍵となる。たとえば、生産現場で働く工場労働者であれば、おそらく空間や時間的な視野は狭く数時間、数日間という視野で物事を見ていて、自分の持ち場という小さな領域に集中している。基本的に影響力は小さい。

スーパーバイザーの場合、その時間軸は1週間単位かもしれない。課長になると月単位で考え、空間的視野ももう少し広くなる。

部長ともなれば年単位で見ているだろう。空間的視野もさらに広くなり、役員ともなれば、10年単位で物事を見るようになり、空間的視野もさらに広くなる。

社長は世代単位で見ているかもしれない。そして、当然だが、その空間的視野は広大で、会社がビジネスを行なっている場所、これから行なおうとしている場所は、すべてその視野の中にある。それがたとえ、地球の裏側でもだ。

ビジョナリーともなると、子会社をいくつも抱えた大きな会社を経営しているだろう。会社を長期的に継続させるために、その時間的視野は、次の世紀にまで及んでいるだろう。空間的にも、この地球全体というレベルの視野を持っているだろう。

これが聖人クラスになると、物事を数世紀、あるいは１０００年単位で見るようになる。そして、地球の外から物事を見る。

私は、このレベルの人に何人か会ったことがある。彼らの視点は、永遠にまで広がる、空間的には、天文学的レベルの視野を持つ。

これは、内面の奥深くで、空間と時間をどう捉えているかによって、その人の意識の進化の度合いがわかるということを意味している。あなたがプレイしているゲームは、どれくらいの大きさだろう？

もし、あなたがビジョナリーだったとして、工場労働者に来世紀に向けて何をしたいか質問しても、彼らには全く理解できないだろう。彼らの関心は、その日、あるいはその週の食料がちゃんと買えるかどうかなのだから。

彼らの時間軸はビジョナリーが見ているところまでは及んでいない。それは、彼らがビジョンについて聞きたくないということではなく、単に自分との関係性を見いだせないのだ。

時間と空間の視野が狭まるにしたがって、人の満足度に対する要求は直接的になる。

彼らは、心震えるミッションよりも、衝動、本能、情熱に従って生きている。時間と空間の視野が広がるにつれ、人は快楽と苦痛、安心と困難、支援と試練の両方を受け入れ、自分の中で絶えず成長している悪党と英雄、罪人と聖人、悪と徳の両方が存在することを認めるようになる。

それは、より効果的で、より力が湧き、より感動的な理想を達成するために、必要なことなのだ。

自分の最高の価値観に従って目標を設定すると、より大きな次なる目標を立てようと考えるようになる。さらに意識を拡大し、さらに長期的視野で物事を見て、さらに時間軸が長く、大きなビジョンを創造するようになる。

これは自然に起きる進化だ。なぜなら、人は心の奥深くの本質の部分で、拡大し続けることを望んでいるからだ。縮小することを望んでいる人はいない。

朝起きて「今日はスピリチュアル、知性、お金、家族、社交・人間関係、身体・健康、仕事の面で、昨日より悪くなりたい」などと考える人はいない。誰もが自分の意識領域を拡大したいと思っているし、自分の意識と影響領域を拡大したいと思っている。

その領域を拡大させるためのベストな方法は、自分の最高の価値観に合致しないことを、誰かに任せることだ。そこで、この委譲についての理解を深めるためのエクササイズを紹介しよう。

【エクササイズ1】生産性の評価

以下のインストラクションに従って、自分の1日と1週間を整理し直してみよう。何が、自分にとって最も生産的で心が躍る活動だろうか?

●インストラクション

【ステップ1】 典型的な1週間の、平均的な1日に行なう活動をすべて書き出す。できれば、時間単位で書き出す。

【ステップ2】 それぞれの活動の横の列に、その活動がもたらす会社や組織、家庭にもたらす収益、収入を金額で表す(例:資料整理↓自分が働く部署に1万円/時)。時間単位、または分単位のほうが正確なら、そのように書く。

【ステップ3】 その横の列に、他人にその仕事を任せたら、いくらかかるか書く。たとえば、資料整理が嫌いなら、自分の代わりに資料整理してくれる人を雇うといくらかかるのか？　子どもたちを塾や習い事に送り届けることがおもしろくないなら、それを代わってやってくれる人を雇うといくらかかるのか？

【ステップ4】　その横の列に、その活動をするために、自分はどれだけ時間を使っているかを書く。

【ステップ5】　最後に、一番右端の列に、それぞれの活動が自分にとってどれだけの価値があるのか、1から7までの数字で書く。1は「全く意味がない」、7は「最も意味がある」という評価軸で考える。

中には経済的には全く生産的ではないが、自分にとっては意味のある活動もある。たとえば、1時間500ドル請求するコンサルタントがいて、子どもを塾や習い事に送るために1時間かかるとする。

もし、その送迎の仕事を誰かに頼めば20ドルしかかからない。しかし、彼にとっては、送迎時に車の中で子どもと会話することが重要で意味のある活動だったりする。この場合、子どもの送迎は1時間500ドル以上の価値があることになる。

【ステップ6】 生産性、収益性が最も低く、最も重要ではない仕事を、その仕事を喜んでしてくれる誰かに任せる。そして、空いた時間で、自分にとって最もワクワクし、生産的で意味のあることに使う。

実はこのエクササイズこそ、自由に好きなことだけをして感動あふれる人生を送ることができている秘訣なのだ。

リーダーシップの5つの要素

ここまでは、リーダーとなることを妨げる要因について伝えてきた。ここからは、リーダーに必要な5つの要素をお伝えしよう。

1 サービス

リーダーとして自分が提供できるサービスが何かを知ることは非常に重要だ。

わが身を捧げてでも解決したいと思うのは、社会のどのような問題、疑問、謎なのか？　社会に欠けていて自分が満たしたいと思うサービスは何か？　自分が秩序をもたらしたい社会の混沌は何か？

コンサルタントであれば、自分では答えられないような質問にも答えを出す。専門家は普通の人が持っていない技能を提供する。

親は子どもに、慈愛、心遣い、愛情、そして子ども自身では思いつかないアドバイスを提供する。人が提供できることは、多種多様である。

私が提供できるサービスは教育だ。人々の行動や可能性や達成に関する学びをサポートすることで、多くの人がより心を動かされ、意味を見いだすことができ、力が湧いてくる人生を歩むことに貢献している。

私は自分の人生を、この領域の研究に費やしてきた。私に提供できるものは、私ができることを学び、学んだことを多くの人たちとシェアすることだ。

言い換えれば、サービスとは、自分の最高の価値観をそこに価値を見いだす人々に届ける独自の方法のことだ。自分の最高の価値観をシェアすることにコミットすることは、自分の内なるリーダーシップを目覚めさせることになる。

2　専門知識

リーダーになりたければ、自分の最高の価値観を明確にし、心が求めるままに必要とされる専門知識を吸収すべきだ。自分が最高の価値を置くものは、それが何であれ、その分野で成長したいと願い、学びを深めたいはずだ。

自分が最高の価値観を生きているかどうかは、誰かに強制されなくても、自然と本を読んだり学校に行ったりして、勉強しているかどうかでわかる。

そうして得た専門知識を使って、あなたは他者に貢献することができる特別な存在になれる。自分にとって最も重要なことについては、人は自然とそれを学ぶようになるのだ。その分野こそが、自分が自分らしく自然な形でリーダーシップを発揮することができる。

どんな分野であれ、1日30分そのことについて勉強をすれば、7年後にはその分野の専門家として一目置かれる存在になれる。

1日1時間勉強すれば、4年でそうなれる。これが1日2時間なら、2年半でそうなれ、1日3時間なら2年以内にそうした存在になれるのだ。

3　スピーチ力

ほとんどの人が、人前で話すことに恐怖心を抱いている。さらに、パーティーなどプライベートな場面においても、見知らぬ人と話すことに緊張感を持つ人はもっと多い。

これは主に、自分が相手より劣っているという劣等感からきている。相手が自分が持っていない特性を持っていると思うと、自信を持って話すことに怖れや不安を感じてしまうのだ。

しかし、最高の価値観に沿って目標を設定し、相手が持っている特性のすべてを自分も持っていることに気づくと、自信を取り戻し、対等の関係で話すことができるようになる。

自分の殻から出て、自分自身を表現したくなる。なぜなら、それが自分のミッションを他人とシェアし、他の人々の心を動かし、自分自身の価値観と他人の価値観を満たす最も強力な方法だからだ。

話すことと教えることに関しては、私はいつも、影響力は自分の一貫性に比例すると言っている。言い換えれば、あるテーマに関して話すとき、その自信と影響力は自然と発揮される。だから、友人や配偶者、子どもたちのような親しい人と話す場合はもちろん、パーティーや仕事におけるプレゼンやスピーチにおいても、自分のメッセージを明確に伝えようと努力することは、自信を得るために非常に有効である。

この種のスピーチを行なう場合、その内容はあなたの最高の価値観と一致していることが求められるからだ。

さらに、話すことは必然的にチャンスをもたらす。スピーチがあれば、人は世界の人間のトップ20％の仲間に入れる。これは、スピーチの仕方を教える人たちの間でよく使われる数字だが、私自身もこの数字は正しいと認識している。

ミッションを有するものは、メッセージを有している。しかし、そのメッセージをうまく伝えられなければ、誰も耳を貸さないだろう。多くの人に会って挨拶をし、会話する機会が増えれば増えるほど、より多くの人と一緒に仕事をするチャンスが生まれる。

ラジオやテレビでメッセージを発信できれば、より大きな影響力を持つことができる。あなたの声は、あなたの人生のシンフォニーを奏でるわけだ。

4 売る力

ここで言う「売る」とは、単なる商品やサービスと金銭の交換のことではない。それは、自分にとって大切なものを、他の人々の価値観に基づいて売ることを意味する。

他の人々の最高の価値観を満足させつつ、自分の最高の価値観を満足させるにはどうすればいいのか？　これはリーダーが学ぶべきことだ。

リーダーは、人は最終的に、自分が最も価値を置くものだけを求めて行動することを知っている。

もし誰かに、自分のミッション達成に参加して欲しい、自分のミッションに感銘を受けて欲しいと思うなら、それがどのように相手の最高の価値観を満たすのかを、彼らに理解してもらわなければならない。

それができて初めて、他人に対して影響を与え、リードすることができる。あなたの最高の価値観にコミットする。人は、自分の最高の価値観を満たすことだけにコミットするわけではない。

売ることはまた、相手のことを気にかけることでもある。自分の商品、サービス、あるいはアイデアを用いて、それがどのように人々の最高の価値観を満たすのかを示すことで、彼らとコミュニケーションする。

販売がなければ成長はない。だから、販売は自分の影響力とリーダーシップを拡大させる鍵でもあるのだ。

5　貯蓄力

リーダーたるもの、自分自身に価値を見いださなければならない。だから、リーダーは自分に投資する。自分の内なるリーダーシップを目覚めさせたければ、貯蓄し投資し、経済的な富を築くべきだ。

あるいは、少なくとも、富を所有している人たちから崇拝されるくらいの、貴重な存在になるべきだ。

もし、最初に自分自身に支払うほどに自分を尊重していなければ、お金は他人に渡り、自分自身は価値が低下する消耗品になってしまう。

お金は、価値を評価してくれる人のところ、賢く管理してくれる人のところに向かう。だから、お金を持っている人は、お金を引きつけるのだ。

自分自身や、自分が心動かされる企業やプロジェクトに投資し、自分のリーダーシップを明確に打ち出そう。そして、富を増やそう。富が大きくなれば、影響力も大きくなるのだ。

自分の中にリーダーシップの資質を発見する

南アフリカの刑務所で講演したときに、受刑者の人たちにこのような質問をした。

「過去に何をし、経験したことが何であれ、自分の心の内に、この世界に何か有意義な貢献をしたいという思いを持っている人はいますか?」

すると、その場にいた受刑者のほとんど全員が手を挙げた。そして言ったのだ。「社会に貢献したい」と。

それまでの彼らは、どうすれば社会に貢献できるか、わからなかったのだろう。彼らのそれまでの人生は幻想の塊で、怖れや弁解で埋め尽くされていたのだろう。虐げられ、社会の底辺でうごめいて生きることに慣れて、あきらめていたのかもしれない。

それでも人は、誰でも心の奥深くに、社会に貢献したいと切望しているものなのだ。

あなたがどこから来て、過去に何をし、何をしようとしているのか、そんなことは関係がない。大事なのは、物事をどう捉えるかである。

そして、自分の最高の価値観を生きれば、誰もが自分の内側に眠るリーダーとしての資質を発揮することができるということだ。

私たちは、自分自身の本質に戻り、力がみなぎっているとき、自分の個性というものを発揮できるのだから。

ぜひ、バリュー・ファクターの力を最大限に利用して、あなたの天命である、内なるリーダーを目覚めさせて欲しい。

第10章

活力を解き放つ

惨めになるかもしれないし、
強くなるかもしれない。
ただ努力の量は同じだ。

――カルロス・カスタネダ

情報は確実に古くなる

医療に対する従来の考え方や知識への評価が下がるケースがよくある。以前は最先端だった考え方が、今となっては認識不足や誤認識だったというケースがあまりに多い。

たとえば、扁桃や虫垂は、以前では退化した器官で、不必要なものだと考えられていたが、現在では、両方ともリンパ機能や免疫機能に不可欠で、事実、多くのガンや喉、舌、口、あるいは内臓の機能を維持していることがわかってきた。

また、糖尿病治療も大きく変わった。以前は主流だったカロリー制限という治療法は、今では評価されず、糖質を制限するほうが重要だとわかってきた。

このように、不完全もしくは間違った仮説を顧みると、私たちは、自分の身体に関する知識を、まだまださらに深めていかなければならないことがわかる。身体自体は本来の知恵で、虫垂や扁桃が必要だということは、初めから自分で「わかっている」のだが。

もちろん、私も重い病気を罹ってしまったら、知識豊富な専門医に診てもらうだろう。しかし、健康の維持に関しては、専門医が何をしてくれるかということよりも、自分が何ができるか、そこに注目したい。

身体には、病気、健康、どちらも作り出す大きな力と潜在能力があると、私は信じている。研究すればするほど、病気を健康に変えていく、心と身体の力に対して、ますます確信が深まっていく。

ここでもやはり、バリュー・ファクターが重要になってくる。心の治療作用を活用し、活力を解き放つには、自分の最高の価値観を生きることが鍵になるからだ。

バリュー・ファクターのヒーリングパワー

数年前、私はトレインド・ディマティーニ・メソッド・ファシリテーター（ディマティーニ・メソッドの指導をすることのできる公認の資格をドクター・ディマティーニから与えられたコーチ、カウンセラー）のために、さまざまな法則を詳細に解説するビデオを製作した。

そのビデオの中で、特徴的なクライアントに何人か登場してもらった。映画業界のトップ・エグゼクティブであったけれど、統合失調症になったことによりホームレスになった人、ドラッグ中毒者、レイプ被害の経験がトラウマになった女性など、さまざまな人たちに協力してもらった。

その中に、摂食障害で苦しんでいる女性がいたが、彼女の話は非常に印象的だった。彼女は、まるで現代心理学の父、ウィリアム・ジェームズの予言を体現しているかのようだった。ジェームズは、人間は認識と態度を変えることによって、人生を変えることができると主張した。

私は、さまざまなケースを通してそのことを目撃してきたが、特に健康、幸福、生きる活力について、彼の見識は顕著だった。実際、この女性の態度が変わったとき、彼女の人生が劇的に変わったのを、目の当たりにしたのだから。

彼女は過食症だった。私と仕事をしている間中、彼女はずっと何かを食べ続けていた。私たちのセッションの間に、文字どおり、私の1週間分の量を食べていた。

「助けてください」と彼女は私に言った。「食べることをやめられないの。お願い。助けて」

彼女の意識は「食べることをやめたい」と言っている。しかし、それでも彼女は食べることをやめられない。こんなに辛いことはない。なぜなら、彼女の意識が本当はこのように言っているのだ。

「やめるべき。このような食べ方をすべきではない。もっと違った食べ方をすべきだ」

つまり、彼女は「○○すべき」という話をしているのだ。この命令言語は、彼女が自分自身に言い聞かせた、他の誰かが決めた価値観からきていることになる。

彼女が「○○すべき」と思っていたことから、得られるものがあったかどうかは問題ではない。大事なことは、彼女の意識が「食べることをやめるべき」と思っていることだ。しかし、彼女の無意識は明らかに「食べたい」と言っている。そして、意識と無意識の戦いの中では、たいてい無意識が勝つのだ。だから、彼女は食べることをやめなかった。

そこで、私は彼女に言った。

「食べることで得られる、１５０のメリットを考えてください」

「メリットは、何もないです」と彼女は言った。

「絶対に何かあるはずです。動機もないのに、筋肉を動かす人はいません。デメリットよりメリットのほうが多く、欠点より利点が多くないと人は行動しません。あなたの心の奥深くには、食べることによるメリットがあるので、食べるのです。

私たちの最初のステップは、それを明らかにすることです。あなたは、スピリチュアル、知性、仕事、お金、家族、社交・人間関係、そして身体・健康のいずれかの領域で、何らかのメリットを得ている。

だから、それらすべての領域を見ながら、無意識の中にある食べ続けることに対する隠れたメリットを探しましょう」と私は言った。

さて、このワークを行なう過程で、彼女の母親、姉、弟、父親が肥満体だったことが判明した。

だから、彼女が肥満でなければ、家族の中で異端児となってしまうのだ。そのことに気づいたとき、彼女の目から涙があふれた。

彼女より2歳年上の姉は体が大きく、彼女に意地悪したり殴ったりしていじめていた。そこで姉よりたくさん食べて、姉より大きくなって、意地悪の倍返しをしたいと彼女は誓ったことがあったのだった。

この時点で二つのメリットが見つかった。

そして、三つ目が見つかった。彼女は、体重を減らそうとするたびに、皮膚が垂れることに気がついた。

彼女は思った。「それは耐えられない」と。それで彼女は食べて、太って、滑らかな肌を手に入れていたのだ。

その後、私たちは他にもたくさんのメリットを発見した。あるとき、過激なダイエットが成功して体重が激減した。スリムになった彼女に、ある男性がアプローチしてきてセックスする関係になった。

彼女は妊娠し、男性に捨てられた。彼女は深く悲しみ中絶することにした。このことがあって、無意識のうちに体重を減らさないようにしていたのだ。

その後もワークを続け、その日のうちに79の無意識のメリットが見つかった。彼女は涙した。その夜も、彼女は作業を続け、150のメリットを見つけ出した。翌日、彼女は私のオフィスに現れて言った。

「食べることのメリットなんて、何もないって言ったわよね？」

私は、彼女をジャッジするつもりも非難するつもりも、間違っていると言うつもりもなかった。ただ、こう告げた
「さあ、自分自身を抱きしめるときですよ」

「どうして？」と彼女は聞いた。

「なぜなら、あなたは一つの行動、つまり食べることについて150のメリットを探すことができたんです。素晴らしいじゃないですか。自分で自分を抱きしめてあげてください！」

彼女は笑った。しかし、私の言葉に感謝していた。彼女は言った。

「私は、食べるという行為によって、自分にどれだけのパワーがあったか、わかり始めました。それは、健康的な行為ではないけれど、たくさんのメリットがあったのよね？」と。

私は言った。

「そのとおりです。私はあなたに食べるなとはけっして言いません。しかし、その150のメリットを、別の行動で得るように変えることができます。そうすれば、その善し悪しを考えることなく、好きなように食べることができます。

どうですか？　関心がありますか？」

彼女は言った。「どうすればいいですか？」と。

それは、１５０のメリットのそれぞれ一つごとに、食べること以外で同じメリットを得ることのできる代替行動を４つ、または５つあげることだった。

たとえば、家族と一緒にテレビを見ることで、家族の一員であると実感する。またはガレージセールの手伝いをする。武術を習って姉より強くなる、といった具合だ。彼女は、一つずつすべてのメリットをチェックし、食べることから得られるメリットの代替案を５００見つけ出すことができた。とはいえ重複するものが多く、実際の代替行動の数は40であった。

代替案作成のステップは、このプロセスの重要な部分だ。社会通念に反していたとしても、中毒そのものは病気ではない。中毒は、自分の本質的な戦略の形である。人は、ある物質や行動について中毒になることがある。

それは、これらの物質や行動からデメリットより多くのメリットが得られると信じているからだ。彼らは、他の行動からより多くのメリットを得られることがわかれば、中毒であることをやめて、新しい実行可能な代替案を選ぶようになる。

主な代替案が明らかになったところで、彼女の最高の価値観を定義してもらった。そして、彼女の最高の価値観と、最も頻出した代替案の上位５つとのリンクづけをしてもらった。そのリンクの数は、何百にもなった。

このリンク付けのプロセスは、単なる心理的エクササイズではない。文字通りそれまでは存在していなかった数百の神経網を脳内に生成させ、新たに再構築する作業なのだ。脳が再構築されると、人は新たな行動をとるようになるのだ。

この女性の、食べることに対する代替案上位5つは、次のとおりだった。

①家族と教会に行く。

②家族とテレビや映画を見る。

③自分の今の外見に満足しているので、急いで男性との関係を求めることはない。ただ、男性から拒否されて傷つくのを避ける程度に魅力的な体重、ファッションスタイルなど全体的なルックスを作っていく。

④武道を習い、強くてパワフルになる。そうすれば、体も引き締まり、より魅力的になる。

⑤自己主張できるように練習する。そうすることで、姉、家族、デートの相手、その他、仕事関係の人たちとの間に、強い防衛線を張れる。自分を守るための脂肪という防衛線は必要なくなる。

また、彼女の最高の価値観の上位5つは、次のとおりだった。

①家族と一緒にいること。
②承認と称賛を得ること。
③愛するパートナーを見つけて、自分の家族を作る。
④セクシーで魅力的になる。
⑤スタイリッシュでファッショナブルになる。

それから、私たちは、最高の価値観と代替案の間に、何百もの関係のリンクを作り始めた。たとえば、「承認と称賛を得る」という価値観と「武道を習う」という代替案の関係のリンクは次のようなものだ。

武道を習うことは、承認と称賛を得ることに役立つ。なぜなら、

●称賛を得るために、激しく戦うから。
●体が引き締まり、承認と称賛のために得たいと思っているテレビの仕事を得るチャンスが

増えるから。

◉武道の先生から褒められるから。

◉仲間の生徒から、承認と称賛を得られるから。

◉武道の修行で達成したことに対して、自分で自分を称賛し、承認できるから。

◉精神のバランスを得る武道の修行が、自分のゴールであるテレビの仕事を得るために役立つ。なぜなら、失望したり不満を感じたりすることがなくなり、ゴールのための「戦士」となれるから。

◉家族に対して堂々と自分らしく振る舞う。そうすることで、彼らの意見に影響されなくてすむ。


私たちは、代替案と価値観の間に、それぞれ5個から20個のリンクを作成した。このリンク付けの作業を終えたとき、彼女はそこにあげた代替案にワクワクし、それを実行する熱意に燃えていた。彼女はすでに、自分の脳を再構築し始めていたのだった。

次に、彼女の過食行動を、彼女の最高の価値観の上位5つから切り離す作業を行なった。私は彼女に尋ねた。

「過食は、あなたの最高の価値観の上位5つに対して、どのような妨げとなりますか？」

私たちは、過食のマイナス面を探し出した。罪悪感とか恥とかいうものはいっさい考慮せず、単にマイナスだと思われるポイントをあげていった。

この作業の前に、代替案の作業を行なったのは理由がある。脳内に代替案の神経回路を構築する前に、すでに習慣となっている行動に対してマイナス評価を行なうことは賢明ではない。なぜなら、そのままだと、習慣となっている現在の行動がマイナスに評価されたことで、そこに意識の焦点が当たり、不安、罪悪、恥を感じることになり、中毒症状に火を注ぐことになる。

彼女の場合、代替案なしでこのプロセスを始めると、彼女に聞こえてくるのは「過食は、最高の価値観を満たすことを妨げている」という声だけで、恥、罪、卑下の感情しか生まれない。そうなると、過食をやめる気持ちになれない。

一方、代替案がある場合は、過食が自分にとって有益ではないことを理解し、やめることに前向きになる。

ただし、代替案を本当に実行可能なものにするためには、自分の脳に新しい神経回路を作る必要がある。代替案のことを理解するだけでは不十分なのだ、たとえば、新しい筋肉を作るために、バーベルをどのように上げるか「理解する」だけでは不十分で、筋肉を作るためには、そのトレーニングをすれば筋肉が作られるということを理解した上で、実際にバーベルを何度も何度も上げる必要がある。

脳も同じで、掛け算や割り算の法則を「理解」しただけでは、十分な計算能力は作れない。膨大な回数の計算練習が必要だ。脳を変えるためには、新しい神経回路が必要で、それを作るためには、何百回もの作業が必要なのだ。

このプロセスの最後のステップでは、彼女を中毒へと誘う「サブディクション」を特定することだ。

サブディクションとは、アディクション（中毒）を誘発するもので、忘れたいと思う何か、最高の価値観にとっての大きな試練であり、人生の中で痛みとして認識されているもののことだ。

たとえば、彼女の場合は、家族から拒絶されたことがサブディクションになっていた。これは、実際には彼女の一方的な思い込みに過ぎなかった。

もし家族が、彼女が体重を減らすことで彼女を拒絶したとしても、他の人たちは彼女を歓迎して受け入れたはずだからだ。

しかし、彼女は家族から拒絶されたことに気を取られ、過食という戦略で家族に受け入れてもらおうとし、痛みを避けようとしていた。

バランスの取れた視点を持てるように助けることは、家族からの拒絶と周囲からの受け入れのバランスを取ることを意味し、それならば痛みを避ける必要もなく、過食の必要もなくなることを意味する。

同様に、妊娠した後、彼氏に捨てられたことが彼女のサブディクションになっていた。これはとても辛い記憶で、二度と同じ目に遭わないようにしたいというのが、過食の原因の一つだった。

しかし、バランスのある視点を持つことができれば、男性から捨てられることを避けるために、過食する必要のないことがわかる。

彼女の元を去る男性がいても、他の男性が現れてバランスが取れる。そして、最高の価値観に沿ってコミュニケーションすれば、その男性は彼女にずっと寄り添っていたいと思うようになるはずだ。

そのことを理解して、彼女は男に捨てられることへの怖れを克服し、過食の必要がないことも理解した。

さらに、「彼女のことをけっして裏切ることのない理想的な男性と出会いたい」という幻想を手放し、宇宙が作り出す現実、苦痛と快楽、ネガティブとポジティブ、試練と支援が常に同時に存在する現実を、そのまま受け入れることができるようになった。

彼女のサブディクションが完全になくなり、あらゆる過去の痛みや苦しみに「ありがとう」

と言えるようになるまで、ディマティーニ・メソッドを行なった。

そして彼女は、無償の愛で満たされ、人生をそのままに、幻想ではなく現実を愛せるようになった。過食はなくなり、新しい人生の道を歩むことができたのだった。

人は、サブディクションがなくなり、「ありがとう」と言えるようになるまで、そして過去の被害者ではないと理解できるまで、本来の自分の運命を生きることはできない。逃げ続けても、それは何度も繰り返し現れる。これは避けることができない。

人生は、自分が非難するものを呼び込み、自分が攻撃するものから攻撃を受け、抵抗するものは、常にそこに存在し続ける。

しかし、サブディクションがなくなり、それに感謝できるようになると、健康が戻り中毒はなくなる。

健康の価値

最高の価値観に生きていれば、あなたは自分の本質を輝かせて運命に生き、人間関係を深め、才能を開花させ、キャリアを満足させ、経済的自由を得て、影響力を持ち、そして活力を解放していくことができる。

私が『ザ・シークレット』で述べたとおり、内なる声とビジョンが、外部の声より大きい場合、あなたはすでに自分で自分の人生を構築し始めている。

そして、自分の活力を解き放ち、健康を促進する心の力を発見し始めている。もう一度言う。

バリュー・ファクターが鍵なのだ！

第11章

究極のビジョンの実現

この世で最も強力な武器は、
燃えるような思いを持った
人の魂である。

――フェルディナン・フォッシュ

「人生で、自分が持てるものすべてを出し切っただろうか？」

ここまで、人生の７つの領域について見てきた。スピリチュアル、家族、知性、仕事、お金、社交・人間関係、身体・健康の７つである。それぞれの領域で成長し、さまざまな次元の新たな充足感を経験することを、私たちは絶え間なく求められている。

これらの領域で自分が心躍るような生き方をすることで、人は人生において何が可能になるのか、他の人々に身をもって示すことができる。つまり、他の人々が人生の道を切り開く手伝いをすることができるのだ。

自らの人生が偉大であればあるほど、人類全体への貢献度も大きくなる。人生を終えようとするとき、自らにこう問いかける。

「この人生で、自分が持てるものすべてを出し切っただろうか？」

この質問に「間違いなくやった」と答えられること。それをあなたも望むことだろう。

人は限界を超えて成長するために、今、ここにいる。限界を超えて成長しようとする人たちに勇気を与えるために、今、ここにいる。

その結果として、人類は古い殻を打ち破り、新たな次元へと成長する。より素晴らしい存在、行動、富の姿へと、飛び立つことができるのだ。

あなたのアイデンティティは、あなたの最高の価値観であると言ってよい。人は、自分の最高の価値観を生きるとき、真の本質と魂が行動を通して、その最高の価値観を具現化する。自分が心から望むことをしているとき、リーダーの資質が目覚め、多くの人々に影響を与える。世の中で起きるすべてのことが、自分の最高の価値観を満たすための助けになっていることを理解したとき、感謝を感じ、最大の危機は最大の祝福となるのだ。

本書を通じて、自分の人生に残された「足跡」から、自分の最高の価値観が何であるかを理解する方法を学んでいただいた。生き方が最高の価値観を体現していることを知ってもらった。

自分の時間、お金、エネルギーを何に使っているか、どこでどのように心が動かされるか、最も整理されているもの、集中力を発揮できるものは何か、何にコミットし、どの領域を研究し探求したいと思っているか、理解してもらった。

試練と困難がもたらす価値についても理解してもらった。それらが、どのように自分の人生を豊かにし、視野を広げてくれるかを学んでもらった。

最高の価値観を知ることが、人生の重要な領域をいかに充実させ、思いもよらない深さと豊かさをもたらすことを学んだ。

ここで、バリュー・ファクターを活用して、あなたの究極のビジョンを実現する最後の戦略を伝えたい。

目標を見直す

バリュー・ファクターの重要なポイントは、進化を続ける価値観と目標を常に一致させることだ。私は毎日、重要な目標を書き留めたり、書き直したりして、常に見直している。

自分の最高の価値観がいかに進化しているかを確認して、それに応じて目標を修正する。このようにして、目標を達成するために、常に最も賢明で有効な行動をとるようにしているのだ。

啓発してくれる人たちと付き合う

何かを学ぶのに最善のことは、学んだことを他の人々と共有し、彼らを啓発することだ。自分がしていることに関係する人が、周囲に多ければ多いほど、そのことに集中でき、自分がそのことに卓越する可能性も高くなる。

自分の最高の価値観を知り、その価値観に合致する目標を持つ。そういう生き方をしている人たちで、自分の周りを取り囲んで欲しい。それが、バリュー・ファクターを意識し、最高の価値観を生きる手助けになる。

毎日、心躍ることを意識して行なう

心躍る充実した人生を送りたいなら、そのための行動をとることだ。毎日を目標に向けた優先度の高い行動をとることで、常に自分の最高の価値観とミッションを意識でき、よりいっそう心躍る人生を歩むことができる。

そのための方法として、「ラブ・リスト」を作ることをお勧めする。ラブ・リストとは、自分がやりたいこと、なりたいもの、持ちたいもの、探求したり学んだり創り出したいものを一覧にしたものだ。

そのリストに新しい項目を追加するたびに、何が自分の心を躍らせるのか、認識できるだろう。重要なことは、自分を本当に鼓舞してくれるもの、真にその実現に向けて努力したいことだけをリスト・アップすること。

けっして幻想や、他者から植え付けられた価値観や目的を含めないことだ。ラブ・リストに記載した事柄に沿って行動する限り、あなたは鼓舞され続けるだろう。

気高い好奇心を育てる

私が最も勇気づけられる言葉は、アルベルト・アインシュタインの次の言葉だ。
「重要なことは、疑問を持ち続けることだ。好奇心はそれ自体に存在意義がある。永遠、生命、そして現実の構造の驚くべき神秘について深く考えるとき、人は畏敬の念に打たれる。日々、この神秘をわずかでも理解しようとするだけで十分だ。気高い好奇心を失ってはならない」

効果的に生き、インスピレーションに従って生きている人なら、この言葉の意味がわかるはずだ。ドナルド・トランプは、ほとんど毎日、読書と自己啓発に4時間を費やしているという。彼は、自らのエネルギーを高め、何かを習熟するために、この「学習時間」を利用しているという。

私も同様に、気高い好奇心に従って生きてきた。職業学校に通っていた頃は、全校生徒の誰よりも多くの本を読んでいた。誰よりも多くのオーディオテープを聴き、より多くのセミナーに出席した。

誰よりも多くのビデオ教材を見た。できる限り多くのものを、絶え間なく読み、聴き、見て、学んだ。なぜなら、私は知識に対する大きな渇望があったからだ。結果的に現在、おそらく当時の全校生徒の誰よりも、私は金銭的な富に恵まれている。誰よりも、多くの人と会い、影響を与えている。

ご存じのように、私は教育に強く打ち込んでいる。来る日も来る日も読書をして、何かを学んでいる。それは、とても充実した人生だ。気高い好奇心を持ち続けることが、感動にあふれた人生を送る助けとなっている。

成長し続ける

人の人生には、成長か衰退しかない。現状維持はないのだ。だから、学び、成長を続けるほうがいい。

人は誰もが、何かしら並外れたことをしたいと思っている。そんな願望を生まれながらにして持っているのだ。朝起きて、「昨日より、ダメな人になりたい」と思う人はいない。人は誰でも成長したいと思っているのだ。

だから、何かとてつもないことをやる許可を、自分自身に与えて欲しい。「ほどほど」の成果など本当は誰も望まない。自分に嘘をついて「すべてやり遂げた」とか「これで完璧に満足」などと言ってはならない。

人はこの世に成長するために生まれてきたのだから。誰かが「もうすべてのことを悟った」と言うのを聞くたびに、私は思う。「探求すべき無限の宇宙があるのに、なぜ、そんなことが言えるのか?」と。

謙虚になることだ。そうすれば、成長し、知見を広め、より発展し続けることができる。未熟である限り、人は成長する。熟してしまえば、すぐに腐ってしまうのだ。

自分の内にあるリーダーの資質に気づく

「ブレイクスルー・エクスペリエンス」セミナーで、地球上で最も力のある人物を選択するというエクササイズがある。最高のスピリチュアルリーダー、心理学のリーダー、ビジネスリーダー、経済的リーダー、社会的指導者などだ。

そして、彼らと同じ特性が、彼らと同等に自分が持っていることを発見してもらう。ワークをする前は、そうしたリーダーの特性を自分にあるはずがないと断言していても、ワークを完了すると、実は彼らと同じ特性を同じだけ持っていることを理解する。

そして、これが重要なのだが、彼らと同じ特性を持っているのだが、それらは彼らの最高の価値観に合致した形ではなく、自分自身の最高の価値観に合った形で持っていることも理解する。

自分の最高の価値観を、他の誰かの最高の価値観と比べて矮小化してしまうと、人は世界に対して自分が提供できることを認識できなくなってしまうのだ。

過ちなどないことを理解する

バリュー・ファクターを理解したら、すべての行動、決定は、自分の最高の価値観に基づいていることがわかる。だから、人が過ちを犯すことはあり得ない。どんな決定でも、それは自分のデータから判断して、最も効率的なものなのだ。

それでも人は、過ちを犯していると考える。それは、誰か他人の価値観を優先させ、彼らの価値観に従って行動すべきだと考えているからだ。そう考えた瞬間、自分の最高の価値観で決定したことは、「過ち」に見えてしまう。

過ちなどない。それは、自分の最高の価値観を、他人の最高の価値観で判断しているだけなのだ。

自分ではなく、相手の価値観に基づいてコミュニケーションする

この29年間、毎年1月に、私はラスベガスのホテルの会議場で、数千名のドクターとそのスタッフを前に、基調講演を行なっている。ヒューストンの私の事務所から、何名かのスタッフを連れて行き、講演会場では私の著書や講演DVDを販売するのを手伝ってもらっている。

ある年、いつも同行している女性スタッフが、今年はどうしようか悩んでいた。彼女の娘が、特別な乗馬大会を見たいので、彼女にヒューストンに残って欲しいと懇願していたのだった。

乗馬大会は、彼女の娘にとって重要であり、私にとってもこの女性スタッフがラスベガスの講演会場にいてくれることは重要なことだった。そこで、彼女と彼女の娘、そして私の、三人それぞれの最高の価値観を明らかにし、関連付けをしてみた。

そして、彼女と彼女の娘の、最高の価値観の観点から、私の最高の価値観と意図を効果的に伝える方法を考えた。

まず、このカンファレンスは、数多くの中年独身男性の医師が参加していて、彼らは私たちの販売ブースの周りに2時間くらいはいるだろうということを、彼女と共有した。

そして、気に入った男性医師がいれば、連絡を取ったり、デートしてもよいことにした。さ

らに、彼女のラスベガスの滞在を2泊延長し、興味があれば、エンターテインメントショーを娘と一緒に観ることを提案した。

また、彼女の娘にブースでの販売のお手伝いをしてもらってもＯＫで、売上の一部をボーナスとして彼女たち二人に提供すると伝えた。さらに、彼女が望めば、娘を近くの乗馬センターに連れて行くことも許可した。

結局、彼女たち二人は、ラスベガスに来ることになった。彼女の娘は、乗馬センターで乗馬を楽しみ、ホテルでショーを楽しんだ。

二人は、カンファレンス会場での販売を手伝い、ブースは大いに盛り上がった。そして、その女性スタッフは、あるドクターと一晩、外出までしたのだった。

彼女と彼女の娘は、この旅行を満喫し、忘れられない週末を過ごせたのだ。このとき、この女性スタッフに対して、私の価値を突きつけて、販売スタッフとしてラスベガスに来いと命令することもできた。

しかし、その場合、彼女は抵抗しただろうし、彼女に強いた犠牲は、いつか償わなければならなくなっただろう。次の給与交渉のときに、このときのことを持ち出されたり、もうひと踏ん張り頑張って欲しいときに、頑張ってくれないかもしれない。

しかし、彼女と彼女の娘の最高の価値観を尊重し、彼女たちの観点でコミュニケーションしたことで、私は彼女たち二人をラスベガスに同行させることができ、私たち三人すべてが、望むものを手に入れたのだった。

この話の教訓は明快だ。他人が望むものを得られるよう手助けすると、自分自身が求めるものを得る可能性が高くなるということだ。

このようにバリュー・ファクターを使い、相手の最高の価値観に基づいてコミュニケーションをとると、大きな成果を得ることができる。

自分の価値観を相手に期待してしまうと、裏切りや怒り、批判、障害、落胆などさまざまなネガティブな感情を抱いてしまう結果になりがちだ。

相手の価値観に基づいてコミュニケートすることは、相手との深い関わりをより理解することになるのだ。

人生を優先度の高い活動で満たす

先の章で伝えたように、優先度の高い活動で1日の時間を満たしていないと、優先度の低い活動が入り込み、時間、エネルギー、そして集中力を奪ってしまう。

だから、インスパイアされた毎日を送りたければ、刺激的な優先度の高い活動で1日を満たすことが賢明だ。

優先度の高い活動が、自己価値を高め、活力を高め、やる気のある状態にしてくれる。そうしないと逆に、優先度の低い活動をするはめになり、それはやる気や元気をそぐものとなり、単に1日を消費するだけで終わることになる。

たとえば、今月の収入を、優先度の高い活動や富の形成に投じることをしないと、自動的に予期していない支払いが生じてしまうような状況が起こる。こうした支払いは、自分の真の最高の価値観に生きるようにという、周りの世界からの警告なのだ。

私たちが持つ生理機能や心理状態、社会、そして宇宙でさえもが、私たちの中の最も本質的なものを、最大限、最高に引き出せるよう、サポートするために、必要なことは何でもするようにできているのだ。

だから、支出に優先順位をつけることはとても大事だ。裕福な人はまず、自分自身のためにお金を使う。

あなたも、これを見習うべきだ。そして、まだ支払っていない請求書の、どれが最も優先順位が高いかを見極める。支払わない場合の罰則が一番大きいものは？　二番目は？　三番目は？　そして、優先順位に従って支払う。

お金を賢く管理するようになると、管理すべきお金がより多く入ってくるようになる。しかし、優先順位に従ってお金を使っていなければ、自動的に優先度の低いものや、予期しない請求書を引き寄せてしまい、自分の資源は食い尽くされてしまう。

空間も同様だ。自分の空間を、優先度の高いもので満たさない場合、優先度の低いもので満たされてしまう。優先度の高いもので空間を満たされると、それらは整然と置かれる。価値観の高いものは、自然と整理されているものだ。

だから、人生のすべての領域に、パワーと活気を与えたいと思うなら、時間、空間、エネルギー、資源を、優先度の高いことに向けるべきだ。そうしないといつも、優先度の低いものを引き寄せて、フラストレーションに陥ることになるので注意して欲しい。

自分の奥底にある本質と周りの世界は共に、自分が最高の価値観と合致した人生を創造するよう働きかけるのだ。

自分らしい自分特有の貢献を見つける

自分が最も得意なことは何だろう？　自分だけができる貢献とは何だろう？　自分が誰よりも優れていることは何だろう？　自分が今すぐにでも解決したいことは何だろう？　自分にしか表現できない独自の価値あるものは何だろう？

自分にしかできない貢献が何かを知ったなら、その貢献を成し遂げること、拡大することに人生を集中させることができる。それが、自分の人生の最優先事項になる。

それが、自分の1日や空間、そして人生を心躍る活動や人、物事で満たすことになる。これこそが、充実した人生を送るための秘密なのだ。

ここでも、バリュー・ファクターが役立つ。自分にしかできない貢献、最高の優先順位、インスピレーションの源。これらすべては、自分の最高の価値観からあふれ出すものだからだ。

好きなことをできないのなら、今していることを好きになる

多くの人から、よくこう言われる。

「好きなことをしたいのですが、今の仕事には、自分が好きになれない業務があって、それがネックになっています」

そんな彼らに、私はこう言うのだ。

「あなたの仕事の一つひとつの業務が、あなたの最高の価値観をどのように満たしているかおわかりにならないのなら、あなたは自分の活力を自分で押さえ込んでいることになります。

あなたのエネルギーは、その源に気づけば、無限大です。そして、そのエネルギーの源は、

自分の最高の価値観を生きることから生まれます」

私の「ブレイクスルー・エクスペリエンス」セミナーでは、受講生に人生で避けられない義務や仕事、人、活動について挙げてもらい「それらがどのようにあなたのビジョンの実現に貢献しているだろう？　あなたの最高価値を満たすのにどのように役立っているだろう？」と聞くようにしている。

そうすると、受講生はそれがどんなに小さなことでも人生のすべての側面が、彼らの最高価値を満たすことに役立っていることに気づき、元気を取り戻し、（抑圧されたものから）解放されるのだった。

あなたも、「この仕事は自分の人生に、何の役も立たない」と言って、何もしないでいたいと思ってなどいないはずだ。

そこで、自問してみて欲しい。

「この仕事は、どのように自分に役立つのだろう？　どう役に立ってくれるのだろう？」

ひとたびその答えが見つかったなら、会社で退屈な仕事をする日々に終止符を打つことができる。

仕事を嫌う気持ちから自由になり、仕事をすることに心躍るような想いになる。

今していることを自分の最高の価値観に結びつけることで、それを愛することができる。

これが、バリュー・ファクターの力だ。そして、それを習得するために、あなたはここにいるのだ。

自分らしくあることに許可を出す

私は18歳のときから40年以上にわたって、このアファメーションを言い続けてきた。
「私は、自分が愛することをするために、どんな苦労もいとわずにやる。どんな遠方であっても訪れ、どんなに費用がかかってもそれを払う」

自分の価値観の中で最も価値を置く物事や活動に、失望させられるようなことはあり得ない。どんな物理的な出来事や経験も、あなたが真に心動かされた不滅のビジョンを傷つけることなどできないのだ。

あなたが自分の最高の価値観に合致した目標を持ち、それを何度も見直し、修正し続け、それを言行一致で行ない、それを続ける自分自身に許可を出したのなら、いつしかあなたのビジョンは物理的な制約を超え不滅なものとなり、偉大な人類の遺産となるのだ。

だからこそ、価値観の優先体系は非常に重要なのだ。そして、それはあなたの運命を決定づけるのである。

あなたがどこから来て、何を経験してきたか、それは問題ではない。何をしようとしているか、それも問題ではない。問題なのは、バリュー・ファクターを適用するために、どのような選択をするかだ。

もし、あなたがバリュー・ファクターを今、使おうと決めたら、あなたの過去は、未来へと向かう力の源泉となるだろう。その未来は、信じられないようなものになるだろう。あなたという存在は、あなたが今日行なう決定、そして明日行なう行動の結果だ。

もし、あなたが今日から、賢明で意味のある決定をやり始め、心躍る、力強い行動を取り始めれば、感動と充足感に満ち足りて、人生を終えることができるだろう。

私たちは、自分の内側に驚くべき力を持っていると、私は言い続けてきた。今度は、あなたが自分自身でそれを発見する番だ。

結局のところ、あなたがなれる本当の自分とは、あなた自身でしかない。あなたと比較できる「幻想のあなた」など、どこにも存在しない。

あなた自身に対して、本当のあなた自身になる許可を与えたなら、何が起きるのか想像してみて欲しい。

そうなることこそが、あなたに創造性を与える。

そうなることこそが、あなたに天才性を発揮させる。

そうなることこそが、あなたの心を最も動かす。

そうなることこそが、活力を最も湧かせる、最高の人生を与えてくれるのだ。

あなたは、最高の人生を思いっきり生きたいと思っている。アリストテレスが示唆したように、充足感とは、人生における多くの欠落感を埋めることだ。

私が付け加えるならば、充足感とは、バリュー・ファクターを理解し、あなたの最高の価値観を生きることだ。

とてつもないことを成し遂げるために、この星に生まれ、この星に生きている。そんな素晴らしい機会を、私たちは与えられているのだ。

毎日を最も優先度の高いことで埋め尽くそう。最高の価値観と合致して生きよう。そして、自分の人生に何が起きるか、見るがいい。それこそがバリュー・ファクターの究極の力だ。

おわりに

11章にわたる『最高の自分が見つかる授業』、きっと多くの示唆を得られたことだと思う。授業の中で紹介した「バリュー・ファクター」は、あなたが最高に充実した人生を創造するのに、非常にパワフルなメソッドであることが、おわかりいただけたと思うが、ここで注意して欲しいことがある。

「バリュー・ファクター」は、それ自体があなたの人生を最高に充実したものにするパワーを持つのではない。あくまで潜在的なパワーを持つだけに過ぎない。

実際にあなたの人生が最高に充実したものになるのは、あなたが「バリュー・ファクター」を人生に適用し、かつ、それを一度だけではなく、今後の人生に繰り返し実践し続けること以外に方法はないということを認識しておいて欲しい。

さて、話は変わるが、日本時間2013年9月8日、2020年開催の夏季オリンピックが56年ぶりに東京で開催されることが決まった。

この日、2回目の東京オリンピック開催を喜んだ人は、二つのグループに分かれたことをご存じだろうか？

一つのグループは、東京オリンピック開催決定をプレイヤーの視点で見た人たちのグループ。もう一方のグループは、サポーターの視点で捉えた人たちのグループである。

プレイヤーのグループとは、言うまでもなく、オリンピックに選手として競技しようとするアスリートやその卵たちのことである。ただし、プレイヤーは、アスリートだけに限ったことではない。

２０２０年のオリンピック開催に向けて準備をする関係者、それを機にビジネスチャンスをうかがう事業家、何らかの形でオリンピックにかかわり、自分の才能を活かそうとする芸術家やダンサーなどのアーティスト。

彼らは、自分を売り込んだり、アイデアによってビジネスを拡大・成長させようとしているプレイヤーだ。

日頃から、自らの人生のリーダーであると認識する彼らは、それまでも中長期の計画を持っていただろうが、２回目の東京オリンピック開催が決まったとき、彼らの計画表には新たに２０２０年の目標が加わったはずだ。

そして、その目標に向けた行動計画を立て、すでに行動を開始しているのである。

一方、サポーターは、２０２０年を心待ちにしながらも、これまでの日常と何ら変わらない毎日を過ごしていることだろう。

プレイヤーとサポーターのどちらが良いとか悪いとかを論じているわけではなく、またその両者に優劣があると言いたいわけではない。

ただ、本書のテーマである『最高の自分を見つける』に即せば、ぜひ読者のあなたには、自分の最高の価値観を明確に見いだして、その最高の価値に合致した目標を持って、自分の人生のサポーターではなく、プレイヤーとして生きて欲しいと願うのである。

あなたの人生の主役は、言うまでもなく「あなた」だ。そして、それは本当のあなた、本来のあなた、本質のあなたである。

あなたはこれまで、もしかすると、本当の自分に気づいていなかったかもしれない。

しかし、本書を読んだ今、あなたは、本当の自分、つまり、あなたのアイデンティティは、あなたの価値観の優先体系であることを知った。

そして、あなたの価値観の優先体系を知り、その価値観の先に、あなたがこの人生で成し遂げるべき使命を決めることができる、価値観に合致した目標を持つことができる。人生に起こるすべての出来事が、あなたの最高価値を満たすために役立つことを知っている。

そう、今のあなたは「バリュー・ファクター」を知っているのだ。

あなたがやるべきことは一つ。あなたの人生のプレイヤーとして、バリュー・ファクターを大いに活用し、最高に充実した人生を創造していくことだ。

その第一歩を踏み出したとき、あなたは人生のマスターとなっているのだ。

本書『最高の自分が見つかる授業』ができ上がるまでに多くの人からさまざまな支援をいただいたことに謝辞を述べたい。

邦訳版刊行にあたり、翻訳作業の下地を作ってくれた高衣紗彩女史。そして本業のプロデュース業務で多忙の中、翻訳を快く引き受けてくださった竹井善昭氏。二人のバリュー・ファクターへの深い理解と広く多くの人たちに知らせたいという愛情があったからこそ、短期間でドクター・ディマティーニの叡智を日本の読者に届けることが可能になったといえる。おかげで英語版と邦訳版を日米同時発売する目標を達成できた。

それから日頃から、思い込みの呪縛のために人生にその力を100%発揮できずにいる人たちに、物事の両面を見ることでバランスを見いだし、自らの価値観に沿って生きることの大切さを、私たちと一緒になって活動してくれている日本全国のディマティーニ・メソッド・ファシリテーターたちに、心より感謝を申し上げたい。あなたたちの確信を持った献身的な働きが、本書を世に送り出すことを可能にしてくれた。

そして、ディマティーニ・メソッド日本普及協会、そして社員のやる気研究所になくてはならない重要メンバーである喜多美里に心から感謝する。彼女こそはまさにバリュー・ファクターの体現者であり、彼女の働きにはインスパイアされ、驚かされることが多い。私たちの事業理念である「日本中を自分らしく生きている人たちであふれさせ、感謝に基づいた和の社会の実現」に中心的な存在として活躍してくれることを願ってやまない。

最後に、「わかる」と「できる」の違いについて述べたい。

日本の小学校で教育を受けた人であれば、誰もが九九は暗記していて、即座に計算の答えを言えるだろう。

では、次の計算式はどうか？

32×27＝？

この答えを、九九の計算と同じように即座に答えられた人は多くはないだろう。

なぜだろう？　2×7＝14は、即座に答えが出るのに、どうして32×27＝864は、即答できないのか？

2×7も32×27も、計算方法は全く変わらない。前者は2を7回足す。後者は32を27回足せば答えが出るのだ。

このように32×27の解を導き出す方法は、九九を知っている人であればわかっている。しかし、できない。そして、できないのはもっともだ。

2×7は、小学生のときに何度も何度も繰り返し、暗唱したり、実際に書いて覚えた。しかし、32×27は、そうした繰り返しの訓練をしてこなかった。それだけの違いなのだ。

しかし、訓練したかどうかの違いが「わかる」と「できる」の間に大きな差を生むのである。

本書を読み終えたあなたは「バリュー・ファクター」のことが「わかった」状態だ。しかし、だからと言って「できる」とは限らない。

そして、できなければ、バリュー・ファクターは、あなたの人生に何らの変化も起こさない。だからぜひ、バリュー・ファクターを実践して欲しい。そのとき初めて、あなたはバリュー・ファクターの力を知るだろう。何よりも、あなたの内に眠る本来の力を発見するはずである。

もし、バリュー・ファクターを実践するにあたって、なかなか思ったようにできない、もっと上手に使いこなしたいと思うのなら、バリュー・ファクターに関する参考情報を「社員のやる気研究所」のホームページで紹介しているので参照されたい。

社員のやる気研究所：http://www.yaruken.com

あなたの人生にバリュー・ファクターがもたらす大いなる変化を祈念して、筆を置きたい。

社員のやる気研究所　岩元　貴久

〈著者プロフィール〉

ドクター・ジョン・F・ディマティーニ（Dr.John F.Demartini）

人間行動学のスペシャリスト、教育者、作家。人間行動学と自己啓発の分野で世界的な権威として知られている。全世界2000万部のベストセラー『ザ・シークレット』でも、人生の達人（マスター）の1人として登場し、“現代の哲人”として紹介。彼が創設したDemartini Instituteは、人間教育のための複数の分野を教える72のカリキュラムを提供する調査教育機関。38年間にも及ぶ調査研究の結果完成したメソッド「ディマティーニ・メソッド」と「ディマティーニ・バリュー・ディターミネーション」は、これまで世界各国の人間教育プログラムに採用されている。

「ディマティーニ・メソッド日本普及協会」ホームページ
http://www.japandma.com/

岩元貴久（いわもと・たかひさ）

1966年鹿児島市生まれ。アメリカと日本でマーケティングコンサルティング会社、ソフト開発会社、コーチング会社、不動産投資会社、ASP事業会社等、複数の会社を経営している企業家。大学卒業後、1990年～1998年まで外資系大手経営コンサルティング会社の米国本社（ロサンゼルス事務所）にてFortune500企業へのコンサルテーションに携わり、e-businessコンサルティング会社を経て2000年に独立。現在は、事業経営の傍ら講演・執筆活動を行うだけでなく、各分野で活躍するリーダー育成のために、出版プロデュースや学生に実学を教える等、後進の育成にも余念がない。「社員のやる気研究所」代表。

「社員のやる気研究所」ホームページ
http://www.yaruken.com/

竹井善昭（たけい・よしあき）

株式会社ソーシャルプランニング代表取締役。1957年生まれ。20代の頃から、マーケティング・プランナーとしてファッションから飲食、インターネット、番組制作といった時代の流行を追う仕事に幅広く従事。50歳を迎えたあるとき、社会貢献活動に目覚め、本業もCSR、コーズ・マーケティング、ソーシャルビジネスに特化する。2013年9月、世界の女性の価値を高めることを目的とした団体「一般社団法人日本女子力推進事業団」（略称：ガール・パワー）を仲間とともに立ち上げ、事務局長に就任。東北復興支援団体「東北ライジング」代表理事。ソーシャル系ビジネス・コンテストなどの審査員、評議員多数。

「株式会社ソーシャルプランニング」ホームページ
http://socialplanning.net/

Dr.ディマティーニの
最高の自分が見つかる授業

2013年11月10日　初版発行
2021年12月28日　4刷発行

著　者　ドクター・ジョン・F・ディマティーニ
監　訳　岩元貴久
訳　者　竹井善昭
発行者　太田　宏
発行所　フォレスト出版株式会社
〒162-0824 東京都新宿区揚場町2-18　白宝ビル5F
電話　03-5229-5750（営業）
03-5229-5757（編集）
URL　http://www.forestpub.co.jp

印刷・製本　中央精版印刷株式会社

ISBN978-4-89451-589-5　Printed in Japan
乱丁・落丁本はお取り替えいたします。